Carina Hirdes

111 Orte für Kinder in Nordhessen, die man gesehen haben muss

111

emons:

Bibliografische Information der Deutschen Nationalbibliothek
Die Deutsche Nationalbibliothek verzeichnet diese Publikation in der Deutschen Nationalbibliografie; detaillierte bibliografische Daten sind im Internet über http://dnb.d-nb.de abrufbar.

MIX
Papier | Fördert gute Waldnutzung
FSC® C083411

Gestaltung: Editorial Design & Artdirection, Conny Laue, Bochum, nach einem Konzept von Lübbeke | Naumann | Thoben und Nina Schäfer
Kartografie: altancicek.design, www.altancicek.de
Kartenbasisinformationen aus Openstreetmap,

Druck und Bindung: CPI – Clausen & Bosse, Leck
Printed in Germany 2022
ISBN 978-3-7408-1627-8

VORWORT

Kinder sind kleine Entdecker, und um ihre Neugier zu stillen, nehmen wir Eltern sie mit an 111 spannende Orte in Nordhessen. An Orte, von denen man selbst eventuell schon einmal gehört hat, die man aber noch nie mit Kinderaugen betrachtet hat. In diesem Buch geht es nicht um die bekannten Sehenswürdigkeiten und Ausflugsziele Nordhessens, sondern vielmehr um die bisher unscheinbaren und für Kinder manchmal erst auf den zweiten Blick interessanten Orte.

Während der Pandemie und an Tagen, an denen die Kinder zu Hause betreut und unterrichtet werden mussten, hatten wir sehr viel Zeit, unsere nordhessische Heimat genauer unter die Lupe zu nehmen. Jedes Wochenende und auch an manchen Nachmittagen, wenn nach dem Distanzunterricht der Kopf rauchte, haben wir unsere Rücksäcke gepackt und sind losgezogen. Wir haben wundervolle Orte besucht, die Natur erforscht und unsere Gegend schätzen und lieben gelernt. Durch das intensive Genießen und das Laufen ganz ohne Zeitdruck wurde uns schnell klar: Die schönsten Orte liegen direkt vor unserer Haustür und warten darauf, von uns entdeckt zu werden. Wir müssen nur genau hinschauen!

Nordhessen bietet Kindern und Jugendlichen unglaublich viel. In diesem Buch stelle ich 111 Orte für Kinder in Nordhessen vor, die man gesehen haben muss, und liefere gleichzeitig 111 weitere Tipps, die es wert sind, erkundet zu werden. Insgesamt also 222 Inspirationen für Tage, an denen es heißt: »Mama, Papa, was machen wir heute?« Ein Blick ins Buch, Proviant einpacken, und los geht's! Ich wünsche allen Lesern viel Freude auf der Entdeckungstour durch Nordhessen!

Hinweis: Aus Gründen der besseren Lesbarkeit verwende ich im Buch die männliche Form (generisches Maskulinum). Damit sind jedoch alle Geschlechter gleichermaßen angesprochen. Die verkürzte Sprachform hat ausschließlich redaktionelle Gründe und ist wertfrei.

111 ORTE

buchzelle

DS CORNER

1_DER WACKLIGE ESEL

Halt dich gut fest!

So richtig klar ist den meisten nicht, was dieses an Seilen hängende blaue Tier fernab der anderen Spielgeräte auf dem Spielplatz der Freizeitanlage Bühl verkörpern soll. Es wird gemutmaßt, dass es sich um eine Giraffe, ein Pferd oder auch einen Esel handeln könnte. Nach hitzigen Diskussionen mit vielen guten Argumenten einigen die Kinder sich auf einen Esel.

Der blaue Esel auf dem Spielplatz sieht nicht nur auf den ersten Blick wacklig aus, sondern er ist es auch. Bereits der Aufstieg erweist sich als kompliziert und erfordert bei kleineren Kindern ein wenig Unterstützung durch Erwachsene. Sobald sich die Kinder jedoch überwunden haben, auf den Esel zu klettern, möchten sie am liebsten gar nicht mehr herunter. Er wackelt und schaukelt nach vorn, nach hinten, nach links und nach rechts, je nach Körpergewicht. Nicht selten löst das wilde Schaukeln auf dem Esel bei den Kindern große Lachanfälle aus.

Es gibt viele weitere spannende Attraktionen in der Freizeitanlage Bühl zu entdecken. Der in unmittelbarer Nähe gelegene Minigolfplatz lädt zum Bälleschlagen oder zu einem Eis am Stiel ein. Ein kleiner Weg führt vom Spielplatz bergab direkt zum malerisch gelegenen, wunderschönen Natursee Bühl, der aus einem ehemaligen Bergwerk entstanden ist. An warmen Sommertagen darf man sich darin kostenlos abkühlen.

TIPP: Toben macht hungrig. Im Kreuzfeld 9 befindet sich »Remmler's Ahnatal Grill«. Hier gibt es gute Hausmannskost zum Mitnehmen, man kann aber auch vor Ort auf der tollen Terrasse speisen. Nachtisch holt man sich in der gegenüberliegenden Eisdiele.

Adresse Am Bühl 20, 34292 Ahnatal-Weimar // **Anfahrt** von der Dörnbergstraße über die Straße »Am Bühl«, kostenloser Parkplatz an der Blockhütte // **Öffnungszeiten** jederzeit zugänglich // ab 1 Jahr

2_DAS CAFÉ IM SEE

Eis schlecken mit Rundblick

Von Weitem könnte man meinen, dass sich inmitten des Twistesees eine riesige Boje befindet. Kommt man dieser überdimensionierten Boje jedoch näher, stellt man fest, dass es sich dabei um ein Café handelt. Speisen mit Rundblick sozusagen. Schon der Übergang vom Festland auf die Café-Insel ist ein tolles Erlebnis. Was einen dann im Café erwartet, ist einzigartig: über 50 verschiedene Waffelspezialitäten, darunter herzhafte Waffeln wie Möhren-, Spinat- oder Pizzawaffeln, sowie leckere hausgemachte Kuchen. Wer lieber etwas Kaltes möchte, findet sicher einen passenden Eisbecher oder ein erfrischendes Getränk auf der Speisekarte. Während sich die Erwachsenen bei dem herrlichen Blick über den See entspannt zurücklehnen, dürfen sich die Kinder in der Spielecke austoben.

Anschließend lädt der asphaltierte Weg am See zu einer Fahrt mit dem Scooter, dem Laufrad, dem Fahrrad oder zu einem Spaziergang ein. In den Sommermonaten steht auf dem nahe gelegenen Wohnmobilstellplatz ein Süßigkeitenwagen. Dort gibt es dann frische Zuckerwatte, herrlich duftende gebrannte Mandeln, lange Fruchtgummischlangen und vieles mehr.

An warmen Tagen lädt der Twistesee zum Baden, Stand-up-Paddeln und Tretbootfahren ein. Geht man am See entlang, so gelangt man zu einem tollen Strandabschnitt mit Spielmöglichkeiten im Wasser, einem Spielplatz und einer ziemlich coolen Röhrenrutsche. Hier kann man einen ganzen Tag verbringen. Einfach klasse!

Adresse Bericher Seeweg 3, 34454 Bad Arolsen-Wetterburg, Tel. 05691/7611, www.cafeimsee-twistesee.de // **Anfahrt** von der L 3080 den Reisemobilhafen Twistesee ansteuern, unten kostenlose und weiter oben kostenpflichtige Parkplätze // **Öffnungszeiten** Mo–Fr 10–18 Uhr, Sa, So und Feiertage 9–18 Uhr // für jedes Alter

TIPP: Beim Bootsverleih Sauermann direkt am See kann man sich Tretboote ausleihen. Ein tolles Familienerlebnis!

3_DIE PFEIFENWIPPE

Musizieren mit dem eigenen Körpergewicht

Manchmal bedarf es nicht viel, um Kinder glücklich zu machen. Bei einem Spaziergang zur Burgruine Falkenstein im Habichtswald kommt man unterwegs an drei in den Boden eingelassenen Holzbalken vorbei, die mit jeweils einem Gitter an den Seiten bedeckt sind. Stellt man sich auf die Holzbalken und verlagert das Körpergewicht von der einen zur anderen Seite, entstehen lustige Töne. Kinder haben an der sogenannten Pfeifenwippe einen Heidenspaß. Mal versuchen sie, ganz sanft über die Holzbalken zu laufen, ein anderes Mal springen sie mit Karacho und Anlauf auf sie drauf. Nun ja, der Pfeifton ändert sich dabei nur minimal.

Mindestens genauso beeindruckend wie die Pfeifenwippe ist auch die Burgruine Falkenstein, die nur wenige Meter entfernt liegt. Von der ehemaligen Burganlage, die auf einem Basaltkegel erbaut wurde, sind zwar nur noch einige Mauerreste, ein zusammenhängendes sowie zwei schmale, hohe Mauerstücke erhalten geblieben, doch man kann noch heute erkennen, wo sich eines der Fenster befand. Und auch der Burggraben und die Wallanlage sind noch sichtbar.

Hier befindet sich ein magischer Ort in der Natur mit einer phantastischen Aussicht über große Teile Nordhessens. Kinder zieht es nach einem kleinen Rundgang durch die Burgruine schnell wieder zurück zur Pfeifenwippe, von der sie einfach nicht genug kriegen können.

Adresse Burgruine Falkenstein, 34308 Bad Emstal // **Anfahrt** von der L 3220 über die Niedensteiner Straße zum Wanderparkplatz Falkenstein, ausreichend Parkplätze vorhanden // **Öffnungszeiten** jederzeit zugänglich // ab 3 Jahre

TIPP: Hausgemachte Bandnudeln mit ausgefallenen Soßen gibt es im Restaurant »Der Grischäfer«. Einfach himmlisch gut!

4_DER KLEINE HAFEN

Fische beobachten

»Schaut mal, wie viele Fische dort schwimmen! Da, sogar ein Goldfisch!«, ruft ein kleiner blonder Junge begeistert seinen Großeltern zu, während er über die Mauer am Hafenbecken ins Wasser schaut. Erst im Jahr 2019 wurde die Sanierung rund um das Hafenbecken abgeschlossen, und der Hafen ist seitdem mit Hilfe einer Schleuse wieder mit der Weser verbunden.

An der Spitze Nordhessens ist in der Hugenottenstadt Bad Karlshafen ein wundervoller Ort zum Flanieren entstanden, an dem man die Seele baumeln lassen kann. Vor allem Kinder können am Hafenbecken stundenlang die Fische, Enten und Schwäne beobachten und dem Betrieb der Fähre und der kleinen Jachten, Boote und Kanus zusehen. Man entdeckt immer wieder Erwachsene, die mit dem Nachwuchs über der Schleuse stehen und den Kleinen das spannende Vorgehen erklären. Mit etwas Glück ist man sogar live dabei, wenn ein Boot in die Schleuse einfährt, das Wasser ab- oder eingelassen wird, das Boot dann weiter in den Hafen fährt oder diesen eben verlässt. Faszinierend!

TIPP: An der Kurpromenade vor dem Sole- und Gradierwerk stehen Outdoor-Fitness-Stationen für alle Generationen bereit. Einmal kurz alle Muskeln im Körper trainieren, bevor es wieder nach Hause geht.

Rund um das Hafenbecken liegen einige Restaurants, Cafés und eine Eisdiele, die zum Verweilen einladen. Folgt man dem kleinen Kanal abwärts der Schleuse, gelangt man direkt zur Weser mit ihrer schönen Kurpromenade. Ein Spaziergang an der Weser sorgt fast für einen Hauch Urlaubsfeeling.

Adresse Hafenbecken Bad Karlshafen, Hafenplatz, 34385 Bad Karlshafen // **Anfahrt** Hafenbecken direkt an der B 80, Parkplätze in der Friedrichstraße, von dort 5 Minuten zu Fuß // **Öffnungszeiten** jederzeit zugänglich // ab 3 Jahre

5_DIE KRUKENBURG

Verstecken spielen in der Burgruine

Der Aufstieg ist steil, aber schon ein kleines Erlebnis für sich. Bereits nach wenigen Metern spürt man jeden einzelnen Muskel in den Oberschenkeln und auch im Gesicht – vom Lachen, denn so einen Berg läuft man nicht alle Tage hinauf. Je höher man kommt, umso grandioser ist der Ausblick über die Dächer der Klosterstadt Helmarshausen. Zudem scheint man mit jedem Schritt mehr in die Vergangenheit einzutauchen.

Kinder bemerken meist zuerst, dass die Laternen in der kleinen Allee zum Burgtor alt und nicht so langweilig wie normale Straßenlaternen aussehen. Spätestens beim Durchlaufen des mit Efeu bewachsenen Burgtors ist der anstrengende Aufstieg längst vergessen. Von hier oben bietet die Krukenburg einen wunderbaren Ausblick auf das Diemeltal und das Dreiländereck.

Für Kinder ist jedoch die Ruine der Krukenburg viel spannender. Sie laufen los, um die vielen Gänge, Höhlen und Nischen zu erkunden und in ihnen Verstecken zu spielen. Von April bis Oktober kann sogar der 23 Meter hohe Bergfried bestiegen werden – der Ausblick von der Aussichtsplattform ist einmalig. Die vielen Sitzmöglichkeiten und Sonnenliegen laden im Anschluss zum Ausruhen und Rasten ein, bevor der Rückweg in die Stadt ansteht. Für den Abstieg einfach den zweiten Weg bergab wählen, um auch hier die verschiedenen Ausblicke in sich aufzusaugen. Im Frühjahr und Sommer blühen an beiden Wegesrändern bunte Blumen, außerdem wachsen hier Brombeeren und Himbeeren.

Adresse Am Krukenberg 5 A, 34385 Bad Karlshafen-Helmarshausen // **Anfahrt** von der B 83 den ausgeschilderten Parkplatz in der Mühlenstraße anfahren, von dort ca. 500 Meter bergauf // **Öffnungszeiten** April–Okt. täglich 10–18 Uhr; Eintritt: Erwachsene 2 Euro, Kinder ab 5 Jahre 1 Euro // ab 3 Jahre

TIPP: Noch heute können die Überreste der Klosterstadt Helmarshausen direkt hinter der Klostermauer bestaunt werden. Sogar für Kinder ein magischer Ort.

6_BUNTES SPIELELAND

Spielspaß zu jeder Jahreszeit

Zwischen Bad Wildungen und Reinhardshausen liegt Europas größter Kurpark. Eine grüne Oase der Erholung und Begegnung, die für Kinder mit großem Spaß verbunden ist. Denn hier befindet sich der im Jahr 2007 als bester Themenspielplatz Deutschlands ausgezeichnete Spielplatz »Buntes Spieleland«. Schon der Anblick ist eine Augenweide, denn der Spielplatz scheint aus einer überdimensionierten Spielesammlung entsprungen zu sein.

Riesige bunte Mikadostäbe zieren einen großen Kletterturm, einen weiteren Turm mit einer langen Röhrenrutsche sowie die beiden Schaukelgestelle. Aus einem gigantischen umgekippten Knobelbecher purzeln Würfel heraus. Ein begehbares Mensch-ärgere-Dich-nicht-Spiel und dessen Spielfiguren, die teilweise zum Wippen genutzt werden dürfen, zieren den Platz. Überall liegen und stehen große Dominosteine sowie Würfel aus Stein, die als Sitzmöglichkeiten oder zum Klettern genutzt werden können.

In den Sommermonaten dürfen die Kinder an den Pumpstationen Wasser pumpen und matschen. Wer sich ordentlich ausgetobt hat, kann anschließend noch die Flamingos im Kurpark Reinhardshausen besuchen oder durch das Steinlabyrinth auf der anderen Seite des Kurparks laufen.

Zudem sollte auf dem gesamten Weg durch den Park immer wieder nach den vielen Kunstobjekten, Tier- und Pflanzenarten Ausschau gehalten werden. Wer die Augen offen hält, wird sogar kleine Quellen entdecken. An 7 der insgesamt 16 Quellen kann man Trinkwasser zapfen.

TIPP: Vom Kurpark aus ist das auf dem Hügel gelegene Schloss Friedrichstein zu sehen. Das Schloss kann besichtigt werden, es beherbergt ein Museum und ein Café. Von dort oben hat man einen atemberaubenden Blick auf Bad Wildungen.

Adresse Kurpark, 34537 Bad Wildungen // **Anfahrt** B 485, über Giflitzer Straße, Friedrich-Ebert-Straße, Riesendamm und Breiter Hagen, im Kreisel erste Ausfahrt in die Laustraße nehmen, Parkplätze rund um den Kurpark // **Öffnungszeiten** jederzeit // ab 3 Jahre; kinderwagentauglich

7_DAS SCHNEEWITTCHENHAUS

Wo die sieben Zwerge wohnen

»Spieglein, Spieglein an der Wand, wer ist die Schönste im ganzen Land?« Kinder lieben Märchen, vor allem das weltbekannte Märchen der Brüder Grimm »Schneewittchen und die sieben Zwerge«. Mitten im Kellerwald liegt das idyllische Bergmannsdorf Bergfreiheit. Laut Heimatforschern ist hier der Ursprungsort des Märchens.

Die Einwohner haben in Zusammenarbeit mit dem Bad Wildunger Stadtmarketing eine kleine Erlebniswelt in Form eines Schneewittchenhauses erschaffen. Sobald man vor dem verwunschenen Fachwerkhaus steht, beginnt das Kribbeln im Bauch. Ein Schild an der Eingangstür weist darauf hin, dass an der großen Glocke geläutet werden soll. Wer wird nun die alte Holztür öffnen? Alle sind gespannt.

Jeden zweiten Sonntag im Monat werden die Besucher persönlich von Schneewittchen und den sieben Zwergen begrüßt. Nach Betreten des liebevoll eingerichteten Hauses kommt man aus dem Staunen nicht mehr heraus. Der erste Blick fällt auf den gedeckten Esstisch mit dem kleinen Geschirr und die sieben Zipfelmützen, die an der Wand hängen. Direkt daneben die sieben kleinen Betten, drei davon sind Hochbetten. Jedes ausgestattet mit warmen Kissen, Decken und einer Wärmflasche. In der Küche erfahren die Besucher, wie Schneewittchen und die sieben Zwerge das Essen zubereitet haben. Auf dem alten Herd stehen noch heute ein altes Bügeleisen, ein Wasserkessel und viele weitere Küchenutensilien. Kinder dürfen hier alles anfassen, ausprobieren und staunen.

Adresse Kellerwaldstraße 27, 34537 Bad Wildungen-Bergfreiheit, Tel. 05626/1736 // **ÖPNV** Bus 544, Haltestelle Bergfreiheit-Mitte, von dort etwa 5 Minuten Fußweg // **Anfahrt** von der L 3296 in die Kellerwaldstraße einbiegen, Parkplätze an der Straße // **Öffnungszeiten** 21. März–31. Okt. Mi–So 15–17 Uhr, 1. Nov.–20. März Sa, So, Feiertage 15–17 Uhr; nicht barrierefrei // ab 6 Jahre

TIPP: Nach dem Besuch im Schneewittchenhaus sollten Sie am Ortsausgang bei der Edelsteinschleiferei Lange halten. Die Schleiferei kann montags bis freitags zwischen 15 und 17 Uhr besichtigt werden. Wer mag, kann sich sogar seinen eigenen Stein schleifen lassen.

8_DIE SPIELSCHEUNE

Spielen auch bei Regenwetter

Ein öffentlicher Spielplatz in einer alten Scheune, so etwas gibt es in ganz Nordhessen nur ein einziges Mal. Zu finden ist die liebevoll gestaltete Spielscheune im Bad Wildunger Ortsteil Braunau. Im Sommer, wenn es draußen zu heiß zum Spielen ist, bietet die kühle Fachwerkscheune eine gute Alternative, an ungemütlichen Regentagen einen Schutz vor dem Nasswerden. An all den anderen Tagen kann der Kletterturm, der außerhalb der Scheune steht, erobert werden. Über eine Hängebrücke gelangen die Kinder über das Klettergerüst direkt in die Scheune. Dort können sie anschließend durch die lange Röhrenrutsche rutschen.

In der Spielscheune gibt es außerdem Kletternetze, eine Wippe sowie eine hölzerne Schienenbahn, die mit dem in der Scheune aufgeschütteten Kies beladen und über die Schienen geschoben werden darf. An der Wand ist eine große Tafel zum Malen mit Kreide angebracht.

Im Außenbereich der Scheune stehen neben dem Kletterturm zwei Seilzüge und eine Schaukel. Sandspielzeug wie Förmchen, Schaufeln und Eimer sind ebenfalls vorhanden und müssen nicht von zu Hause mitgebracht werden. Über die Fenster in der oberen Etage der Scheune können die Kinder sogar auf den benachbarten Pferdehof schauen und die Pferde beobachten. Die Spielscheune ist ein wahres Kinderparadies, von dem die Kleinen noch lange Zeit erzählen werden.

Adresse Jägerstraße, 34537 Bad Wildungen-Braunau // Anfahrt in der Ortsmitte von Braunau in die Jägerstraße einbiegen, kostenlose Parkplätze vorhanden // Öffnungszeiten jederzeit // ab 3 Jahre

TIPP: Direkt gegenüber befindet sich ein Eierautomat. Bevor es wieder nach Hause geht, kann man hier frische Eier vom Land kaufen, und in einem Tauschbücherregal darf man Bücher tauschen.

9_DER BESUCHERSTOLLEN

Entdeckungsreise unter Tage

Dunkelheit, Enge, Lärm, Schmutz und Staub – das klingt im ersten Augenblick etwas gruselig, gehörte aber zum Arbeitsalltag der Bergleute. Im Borkener Besucherstollen können noch heute die Kettenbahn, Förderbänder, die Einschienenbahn sowie wichtige Utensilien bestaunt werden, man bekommt hier einen ungeschönten Einblick in die unterirdische Welt des Braunkohletiefbaus.

Bevor es jedoch hinab in die Tiefe geht, wird jeder Besucher stilecht und zum Schutz mit einem Helm ausgestattet. Denn noch heute kann es vorkommen, dass Steine von der Decke fallen oder größere Personen sich in den niedrigen Gängen den Kopf stoßen. Kinder werden während einer Führung unter Tage sogar selbst zu kleinen Bergleuten, denn sie dürfen einige Maschinen steuern und eine gezielte Sprengung mit durchführen. Ganz schön laut! Manch einer muss sich sogar die Ohren zuhalten. Durchweg spielerisch lernen die Kinder hier viel über die spannende Welt des Bergbaus.

TIPP: Rasselnde Bagger und rauchende Kraftwerkskessel bekommt man im großen Freilichtmuseum am Ortsrand im Themenpark »Kohle und Energie« zu Gesicht.

Zum Andenken an diesen erlebnisreichen Ausflug kann man im Museumsshop ein Souvenir erwerben. Wer möchte, kann dort auch seinen nächsten Kindergeburtstag klarmachen, denn im Kindererlebnisstollen wird man tolle Stunden mit seinen Freunden verbringen. In Verbindung mit einer Führung wird dann eine Schnitzeljagd mit kleinen versteckten Präsenten veranstaltet. Das Geburtstagskind bekommt einen gebastelten Schachthut, wie ihn die Bergmänner zu ihrer Uniform trugen.

Adresse Am Amtsgericht 2–4, 34582 Borken, www.braunkohle-bergbaumuseum.de // Anfahrt A 49, Abfahrt Borken, der Straße in Richtung Borken folgen und in der Ortsmitte den Parkplatz an der Kirchstraße ansteuern // Öffnungszeiten Di–Do 14 Uhr, Fr, Sa 14–17 Uhr, So 11–17 Uhr; Führungen vorab unter Tel. 05682/808271 vereinbaren // ab 6 Jahre

10_DIE DISCGOLFANLAGE

Bunte Scheiben im Tiergarten

»Bahn frei!« Im Caldener Waldgebiet Tiergarten kann es schon mal vorkommen, dass eine bunte Scheibe den Gehweg kreuzt, daher sollte man immer die Augen und Ohren offen halten. Was es mit den bunten Scheiben auf sich hat? Hier können sich Klein und Groß an einer eher unbekannten Sportart versuchen. Discgolfen ist eine Mischung aus Frisbee und Golf. Ziel des Spiels ist es, die bunten Scheiben von einer festgelegten Abwurfzone mit so wenig Würfen wie möglich in den Fangkörben zu versenken. Dabei sind die Regeln ähnlich wie beim Golf. Die Scheibe muss von dem Punkt aus weitergeworfen werden, wo sie gelandet ist.

Auf dem Parcours durch das Waldgebiet findet man insgesamt 18 Bahnen mit Fangkörben in verschiedenen Schwierigkeitsgraden. Discgolfen bietet die Möglichkeit, einen Ausflug in die freie Natur mit einem großartigen Familienerlebnis zu verbinden. Hier kommen sogar Bewegungsmuffel in die Gänge.

Aber auch kleinere Kinder, die noch nicht mitspielen können, haben auf dem Parcours ihren Spaß. In dem wunderschönen Waldgebiet, wo einst Landgraf Friedrich II. auf Jagd ging, befinden sich unzählige Tipis, Hütten und Lagerfeuer. Sie wurden liebevoll aus Ästen und Naturmaterialien von Kindern des nahe gelegenen Waldkindergartens geschaffen. Weiterbauen und Mitmachen sind ausdrücklich erwünscht.

Adresse Wanderparkplatz Lindenrondell, 34379 Calden // Anfahrt B 7 bis Ortsmitte Calden, Richtung Wilhelmsthaler Straße abbiegen, anschließend der Lindenallee bis zum Parkplatz folgen // Öffnungszeiten jederzeit zugänglich; Scheiben bitte selbst mitbringen, Anlage kostenlos nutzbar // ab 5 Jahre; für Kinder- und Bollerwagen sowie für Lauf- und Fahrräder geeignet

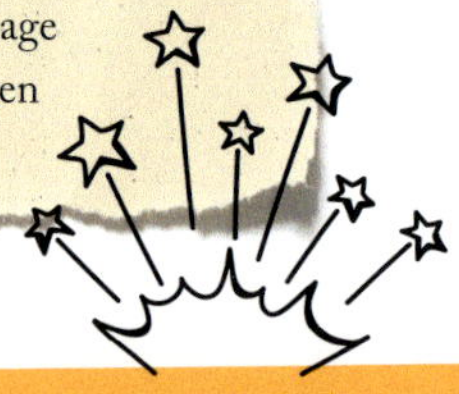

TIPP: Auf der Heimfahrt sollten Sie in der Wilhelmsthaler Straße einen Stopp einlegen und im Bücherschrank, der in eine Hauswand integriert ist, stöbern. Hier gibt es sicher für jeden das passende Buch.

11_DIE FALLSCHIRM-SPRINGERWIESE

Wer hat den buntesten Fallschirm?

Auf der Fallschirmspringerwiese in Calden gibt es ganz schön was zu gucken. Im Minutentakt schweben Fallschirmspringer mit ihren kunterbunten Fallschirmen vom Himmel herab und landen in einem Affentempo auf der Wiese. Ein Fallschirm ist dabei schöner als der andere. Manch ein Springer kommt auf dem Po an, andere wiederum im Laufen, manchmal hängen sogar zwei Personen an einem Schirm – dann werden sie Tandemspringer genannt. Ein wahres Schauspiel für die ganze Familie, und manch einer spekuliert, ob er sich auch einen Sprung zutrauen würde. Dass das den ultimativen Kick gibt und nichts für Angsthasen ist, darüber sind sich alle einig.

Wer einmal sehen möchte, wie die Fallschirmspringer in die Cessna steigen und in die Lüfte abheben, kann sich am etwa 2,5 Kilometer entfernten neuen Flughafen einen Einblick verschaffen. Nachdem der neue Verkehrsflughafen im Jahr 2013 fertiggestellt wurde, zog auch die Cessna der Fallschirmspringer vom Verkehrslandeplatz mit um. Seitdem werden die Fallschirmspringer in einem Sprinter vom alten zum neuen Flughafen gefahren, sie starten dort und landen beim alten Flugplatz. Der Flug bis zur Absprunghöhe in 4.000 Metern beträgt etwa 25 Minuten, in dieser Zeit schafft man es mit dem Auto locker wieder zurück, um pünktlich zur Landung an der Fallschirmspringerwiese zu sein. Im Bistro ein Eis kaufen und aus Reihe eins das Geschehen beobachten.

TIPP: Wer noch etwas Bewegung benötigt, sollte im Caldener Ortsteil Fürstenwald halten und zu den Koppensteinen wandern. Ein einzigartiger und zu jeder Jahreszeit wunderschöner Ort.

Adresse Sprungplatz Kassel-Calden, Flugplatzstraße (Kreuzung Hollenberg), 34379 Calden // Anfahrt von der B 7 der Flugplatzstraße/L 3214 folgen, kostenlose Parkplätze vor der Springerhalle // Öffnungszeiten Sprungtermine unter Tel. 05674/9993-0 oder www.skydive.de // ab 3 Jahre

12_DER PILOTEN-AUSSICHTSPUNKT

Immer schön winken

Kribbeln im Bauch und eine Portion Urlaubsfeeling gefällig? Beides bekommt man auf dem Gelände des Flughafens Kassel-Calden, wenn man beobachtet, wie die Flugzeuge mit voller Geschwindigkeit über die Startbahn sausen und mit den schallenden Turbinen in den Himmel starten. Von der Besucherterrasse oder dem Infopoint aus lässt sich das Geschehen auf dem Rollfeld gut verfolgen. Den Flugzeugen kommt man dabei so nahe, dass man ihnen zuwinken kann. Mit etwas Glück öffnet sogar einer der Piloten einer gelandeten Maschine das Fenster und winkt zurück.

An manchen Tagen darf man der Flughafenfeuerwehr bei ihren Übungen zusehen. Spätestens wenn der große Wasserwerfer angestellt wird und das Flugzeugdummy gelöscht wird, ertönt aus den Kindermündern ein lautes »Wooww!« Hierbei könnten sie stundenlang zuschauen.

Am Flughafen gibt es auch einen wunderschönen kleinen Spielplatz in Form eines Flughafens – wie könnte es auch anders sein? In dem großen Holzflugzeug dürfen kleine Piloten selbst hinter dem Steuerknüppel sitzen oder am Check-in-Schalter und am Kofferband in ein Rollenspiel fallen. Während die Kinder ausgiebig spielen, können es sich die Erwachsenen auf der Besucherterrasse bei einem Streuseltaler und einer Tasse Kaffee bequem machen und das Geschehen am Spielplatz beobachten. Ein gelungener Ausflug für die gesamte Familie!

Adresse Flughafen Kassel-Calden, Fieseler-Storch-Straße 40, 34379 Calden, www.kassel-airport.de // **ÖPNV** Bus 100 von Kassel Bahnhof Wilhelmshöhe über Kassel Hauptbahnhof nach Calden // **Anfahrt** von der B 7 der Beschilderung »Infopoint« folgen, kostenlose Parkplätze vorhanden // **Öffnungszeiten** jederzeit zugänglich // ab 3 Jahre

TIPP: Bei schönem Wetter können sich Kinder am Glockenbrunnen-Spielplatz in Calden austoben. Am Spielplatz fließt ein Bach entlang, an einer kleinen Sitzstelle kann man die Füße hineinhalten.

13_ DAS WALDSCHWIMMBAD

Wasserspaß für jedes Alter

Ein wunderschön gelegenes Schwimmbad mitten im Wald, umgeben von unzähligen Nadel- und Laubbäumen, gibt es in Calden. Hier findet im Sommer garantiert jeder Schwimmbadbesucher auf einer der beiden großen Liegewiesen ein schattiges Plätzchen. Das Schwimmbad hat aber noch viel mehr zu bieten: Für die Allerkleinsten steht ein beheiztes Baby- und Kleinkinderbecken zur Verfügung, das eine Mini-Wasserrutsche, einen Wassersprinkler und ein großes Krokodil, aus dem per Knopfdruck Wasser spritzt, beinhaltet. Direkt neben dem Kinderbecken sind ein Wickelraum, Toiletten und Umkleidekabinen untergebracht. Über Treppenstufen erreicht man das riesige beheizte Schwimmbecken mit einer 23 Meter langen Wasserrutsche, einem Wasserfall, einem Startblock sowie einem Ein- und einem Drei-Meter-Sprungturm.

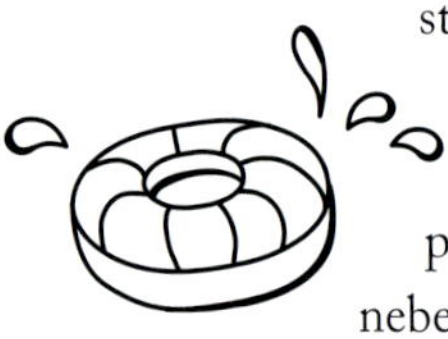

Wer eine Pause braucht, kann sich entweder auf dem Handtuch sonnen und dabei das Geschehen im Schwimmbad beobachten oder sich auf dem Beachvolleyballfeld, an den Tischtennisplatten, auf dem großen Schachfeld und auf dem Spielplatz austoben. Am Kiosk werden klassische Snacks wie Pommes, Bratwurst, Eis oder Schnucketüten angeboten.

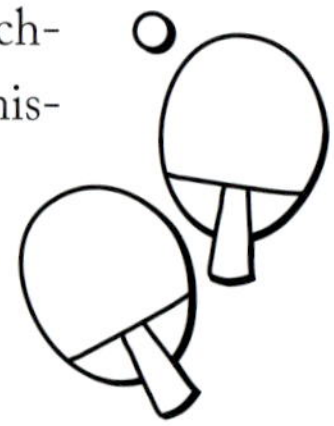

An besonders heißen Sommertagen veranstaltet das Schwimmbad ein Nachtschwimmen. Ein tolles Erlebnis für alle Kinder, wenn nur die Scheinwerfer im dunklen Wald leuchten und man unter dem Sternenhimmel schwimmen kann.

Adresse Waldschwimmbad 1, 34379 Calden, www.waldschwimmbad-calden.de // **Anfahrt** von der B 7 der Wilhelmsthaler Straße folgen, über die Lindenallee zum Parkplatz an der Straße »Zum Lindenrondell« // **Öffnungszeiten** täglich 12–19 Uhr, Sa, So, Feiertage sowie in den Ferien täglich 10–19 Uhr; Eintritt für Kinder unter 5 Jahren frei // für jedes Alter

TIPP: In der Ortsmitte erinnert der Caldeplatz an den nun unterirdisch verlaufenden Bach. Einige freiwillige Helfer gestalten diesen Platz je nach Jahreszeit sehr liebevoll.

14_DIE MYSTERIÖSE HALTESTELLE

Nimm dir, was dir gefällt

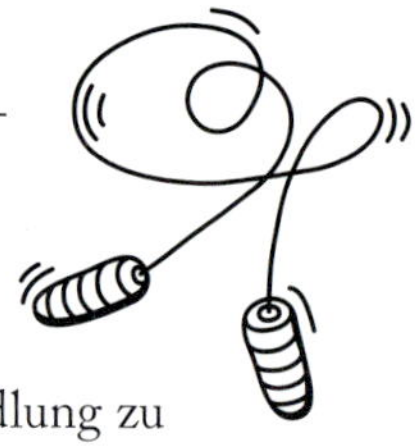

In dem kleinen Caldener Ortsteil Ehrsten mit seinen 600 Einwohnern befindet sich eine geheimnisvolle Bushaltestelle. Die alte Bushaltestelle im Holzweg, an der schon lange kein Bus mehr angehalten hat, wurde von den Einwohnern der Siedlung zu etwas Genialem umgestaltet. Sie haben diese mit frischer Farbe angestrichen und wieder auf Vordermann gebracht und anschließend mit Regalen und Schränken sowie mit einem großen bunten Schild mit der Aufschrift »Tausch-Regal« versehen.

Hier kann jeder, der mag, Bücher, Haushaltsartikel, Kleidungsstücke und Spielsachen in die Regale legen, die zu Hause nicht mehr benötigt werden, aber dennoch top in Ordnung sind. Denn manche Dinge, die für den einen keinen Wert oder Nutzen mehr haben, können für einen anderen sehr wertvoll oder nützlich sein. Statt diese Dinge wegzuwerfen, tauscht man sie einfach. Zusätzlich wird weniger Müll produziert und der Umwelt etwas Gutes getan. Das Tausch-Regal soll dabei kein Ablageplatz für Müll und defekte oder dreckige Artikel sein und vertrauensvoll genutzt werden. Im Gegenzug darf man sich nehmen, was man selbst brauchen kann, natürlich kostenlos! Ein wahres Paradies für Kinder, die in dem extra ausgeschilderten Kinderregal immer wieder neue Bücher, Puzzles oder Spiele finden und tauschen dürfen. Geben und Nehmen – das Prinzip der Gegenseitigkeit wird von Kindern sehr schnell verstanden.

TIPP: Etwa fünf Gehminuten entfernt, im Lanfter Weg, befindet sich ein toller Spielplatz mit einer Seilbahn, einem großen Kletterturm und einem überdachten Sandkasten.

Adresse alte Bushaltestelle, Holzweg, 34379 Calden-Ehrsten // **Anfahrt** B 7, Abfahrt Ehrsten, im Ort über die Zierenberger Straße und »Trift« zum Holzweg // **Öffnungszeiten** jederzeit zugänglich // ab 5 Jahre

15_DER GEHEIMNISVOLLE LUCHS

Keine Angst, der tut nichts

Im Herbst und Winter schaut er, wenn man genau hinschaut, zwischen den Bäumen hervor. Im Frühling und Sommer bekommt man ihn hingegen kaum zu sehen, da er sich dann hinter dem dichten Grün der Bäume versteckt, der geheimnisvolle Luchs. Bei einem Spaziergang durch die gepflegte Parkanlage Wilhelmsthal sollte man daher die Augen offen halten und gut aufpassen, ob sich der Luchs zeigt. Für Kinder ist dies immer wieder ein aufregendes Erlebnis. Wenn sie ihn sehen, bleiben sie oftmals erschrocken stehen und warnen lautstark vor dem Tier. Nicht selten kommen dann auch andere Parkbesucher angerannt, um sich ein Bild zu machen.

Und warum ist der Luchs nun so geheimnisvoll? Weil sogar die meisten Einheimischen ihn noch nicht gesehen haben, geschweige denn wissen, dass er überhaupt existiert. Der Luchs ist in Wirklichkeit zwar kein echtes Tier, wurde aber so detailgetreu aus Holz gefertigt, dass er wie echt aussieht. Der Luchs ist wie viele andere nachgebaute Holz-Waldtiere auch ein Ziel des örtlichen Bogenschützenvereins. Er wurde so drapiert, dass man ihn von der Parkmauer aus erblicken kann, aber eben nur, wenn an den Bäumen keine Blätter sind.

TIPP: Nur fünf Minuten entfernt befindet sich im Ort Espenau-Hohenkirchen die »Schnitzel Botschaft«. Hier kann man Schnitzel in den unterschiedlichsten Variationen verspeisen und nebenbei dem örtlichen Tennisclub beim Bälleschlagen zuschauen.

Neben dem geheimnisvollen Luchs gibt es in der Parkanlage Wilhelmsthal noch weitere spannende Sehenswürdigkeiten wie den Rapunzelturm, die Grotte, den großen Karpfenteich, viele Kletterbäume und natürlich das wunderschöne Rokokoschloss.

Adresse Schloss Wilhelmsthal, 34379 Calden-Wilhelmsthal // **Anfahrt** B 83, Abfahrt Schäferberg, von dort der L 3217 bis zum Schloss folgen, gebührenpflichtige Besucherparkplätze vorhanden // **Öffnungszeiten** jederzeit // für jedes Alter; für Kinder- und Bollerwagen geeignet

16_DER KLETTER-DSCHUNGEL

Spielspaß für mehrere Generationen

Ein großes Abenteuer und eine spannende Herausforderung bietet der gigantische Kletterdschungel auf dem Spielplatz im Edermünder Ortsteil Besse. Auf verzweigten Elementen gilt es, die Balance zu halten und vorsichtig auf dem schmalen, wackligen Wegesystem zu laufen. Auf den Flächen- und Liegenetzen können sich die kleinen Abenteurer eine Pause gönnen, bevor der Kletterspaß weitergeht. Der Kletterdschungel ist nur eines von insgesamt 25 tollen Spielgeräten, die sich auf rund 7.500 Quadratmetern Spiel- und Freizeitfläche befinden. Die Allerkleinsten plempern und matschen im Sandkasten. Über eine Schwengelpumpe können sie Wasser in den Sandkasten befördern, nachdem sie mit dem fixierten Bagger eine Grube ausgehoben haben.

Des Weiteren stehen Schaukeln, eine Wackelbrücke, ein Kriechtunnel, ein Bodentrampolin sowie eine lange Rutsche und viele weitere Geräte für den großen Spielspaß zur Verfügung. Größere Kinder finden auf dem Sportfeld immer jemanden zum Fußball- oder Basketballspielen. Falls dort doch mal kein Spielkamerad sein sollte, wäre da auch noch der Felsen, auf den man klettern kann.

Der Baumlehrpfad erläutert mit Hilfe von Beschilderungen die unterschiedlich angepflanzten Baumarten. Und auch an die Eltern wurde bei der Umsetzung des Mehrgenerationenspielplatzes gedacht, denn diese können sich ein Buch aus dem Büchertauschhäuschen nehmen und mal ganz in Ruhe lesen, während sich der Nachwuchs austobt.

TIPP: Auf dem Heimweg sollten Sie bei Kuno's Outdoor- und Freizeitwelt in Edermünde-Holzhausen anhalten. Hier gibt es tolles Spielzeug für den Garten und bunte Fackeln für das nächste Zeltabenteuer.

Adresse Mehrgenerationenspielplatz, Binger Weg, 34295 Edermünde-Besse // **Anfahrt** A 49, Abfahrt Edermünde, L 3221 Richtung Besse, über Fritzlarer Straße, Großenritter Straße und Klapperweg in den Binger Weg, Parkplätze vorhanden // **Öffnungszeiten** jederzeit zugänglich // ab 1 Jahr

17_DIE MITTE DEUTSCHLANDS

Atlas aufschlagen und prüfen!

Zieht man eine Gerade vom nördlichsten zum südlichsten Punkt Deutschlands und kreuzt diese mit der Verbindungslinie zwischen dem östlichsten und dem westlichsten Punkt, dann bildet der Schnittpunkt den Mittelpunkt Deutschlands. Die Koordinaten führen zu einer idyllischen Wiese am Rand der Langenberge im Edermünder Ortsteil Besse. Der Ort ist in der Region ein touristischer Anziehungspunkt, der viele Neugierige lockt.

Ein Erinnerungsfoto vor der drei Meter hohen Basaltstele, die den geografischen Mittelpunkt Deutschlands seit dem Jahr 2017 markiert, ist daher ein Muss. Schaut man sich um, so hat man eine wunderbare Aussicht über die Landschaft des Chattengaus bis hinüber zur Söhre. Und auch Kinder sind fasziniert von der Tatsache, dass sie mit ihren Füßen auf so einer besonderen, nahezu magischen Stelle stehen. So erzählen sie garantiert noch lange im Kindergarten und der Schule von ihrem Ausflug zur Mitte Deutschlands und zeigen dies auch gern mal anhand des mitgebrachten Stempelabdrucks, den es vor Ort in einem roten Holzkasten gibt.

Der Ausflug kann mit einem Spaziergang durch den angrenzenden Naturpark Habichtswald verbunden werden, der wunderschöne Wanderwege zu jeder Jahreszeit bietet. Kinder lieben es, auf den weiten Wiesen herumzuflitzen, Libellen, Schmetterlinge und Käfer zu beobachten und auf Baumstämmen zu balancieren.

Adresse Röderweg, 34295 Edermünde-Besse // **Anfahrt** A 49, Abfahrt Edermünde, L 3221 Richtung Besse, über Fritzlarer Straße und Röderweg bis zum Wanderparkplatz // **Öffnungszeiten** rund um die Uhr // ab 5 Jahre; kinderwagentauglich

TIPP: Auf der Plantage des »Besser Bio Bauernhofes« können von Mai bis September verschiedene Beerensorten selbst gepflückt werden. Zu Hause zu einem köstlichen Kuchen oder frischem Eis weiterverarbeitet, schmecken sie einfach köstlich!

EDERTAL-AFFOLDERN

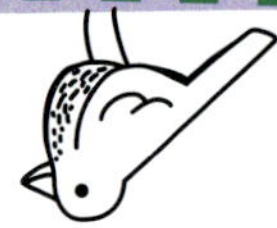

18_ALLES STEHT KOPF

Mit dem Kopf in der Schüssel

Lust auf einen kleinen Lachanfall? Dann ist ein Ausflug in das tolle Haus am Edersee ein Muss! Hier dürfen die Kinder sogar mit ausdrücklicher Erlaubnis der Eigentümer einen Handstand auf dem Esszimmertisch oder auf der Toilette machen, und schon wieder sind alle Familienmitglieder am Lachen.

Das tolle Haus am Edersee zeigt auf einer Wohnfläche von 95 Quadratmetern und auf zwei Etagen verteilt, wie es ist, wenn alles auf dem Kopf steht. Hier schwimmen sogar die Fische im Aquarium kopfüber, hängen die Würste in der Speisekammer vom Boden und die Blumen von der Decke. In den insgesamt acht Zimmern gibt es unglaublich viel zu entdecken, zu staunen und vor allem zu lachen.

Überall können lustige Bilder geknipst werden. Am besten jedoch gefällt es den Kindern, einen Handstand auf dem gedeckten Esszimmertisch zu machen. Vermutlich, weil es zu Hause verboten ist, zwischen Tassen, Tellern und den Lebensmitteln auf dem Tisch zu turnen. Ein wenig erinnert dieser Anblick an Pippi Langstrumpf. Etwas Überwindung mag es kosten, den Kopf in die Kloschüssel zu stecken – dieses Bild hingegen ist unbezahlbar. Noch schnell ein Foto gemacht, und schon führt der Weg wieder hinunter ins Erdgeschoss und hinaus in den Garten. Auch hier gibt es einiges Skurriles zu entdecken. Nach einem Besuch sind sich alle einig: »Das war cool!«

Adresse Das tolle Haus am Edersee, Hemfurther Straße 14, 34549 Edertal-Affoldern, www.das-tolle-haus-am-edersee.de // **ÖPNV** Bus 510, Haltestelle Forstamt, von dort nur wenige Minuten zu Fuß // **Anfahrt** B 485, L 3383 in Richtung Edertalsperre, in Affoldern rechts auf die Hemfurther Straße abbiegen, Haus auf der rechten Seite // **Öffnungszeiten** April – Okt. Di – So 10 – 19 Uhr, Nov. – März 11 – 16 Uhr; Eintritt: Erwachsene 5 Euro, Kinder bis 7 Jahre frei, Kinder zwischen 7 und 14 Jahren 3,50 Euro // ab 4 Jahre

TIPP: Direkt gegenüber kann man mit der Eder-Draisine am Edersee entlangradeln. Ein Fahrspaß für die ganze Familie!

EDERTAL-HEMFURTH

19_DIE WESTERN-STADT

Speisen wie im Wilden Westen

Ein Ausflug in den Wilden Westen gefällig? Nein, man muss dafür nicht extra nach Amerika reisen, er befindet sich quasi direkt vor der Haustür. Doch viele kennen die Western-Stadt im nordhessischen Örtchen Edertal-Hemfurth gar nicht.

Nach einem Ausflug an den Edersee kommt man am Restaurant »Zündstoff« vorbei, hier sieht es wegen der unzähligen Motorräder eher nach einem Biker-Treff aus. Das ist es tatsächlich auch, denn die Motorradfahrer halten im »Zündstoff« gern mal für eine Stärkung an.

Ein absoluter Geheimtipp und erst auf den zweiten Blick erkennbar ist, dass das »Zündstoff« ein spektakuläres Ausflugsziel für die ganze Familie ist, denn direkt hinter dem Restaurant befindet sich »Zündstoff-City«. Plötzlich steht man vor einer detailgetreu nachgebauten Western-Stadt. Wo man auch hinschaut, begegnen einem amerikanische Flaggen und große Holzräder, die die Saloons, das Office sowie die Kirche, ähm, Church schmücken. Auf den Holzschildern über den verschiedenen Saloons stehen Namen wie Buffalo Bill, Jesse James oder Billy The Kid. Planwagen und alles, was zu einer Western-Stadt gehört, entdeckt man ebenfalls. Wer möchte, kann sogar in der Western-Stadt, die in Wirklichkeit ein Motel ist, nächtigen und dies mit einem Wochenendtrip an den Edersee verbinden. Aber auch wenn man nicht übernachtet, können Familien in »Zündstoff-City« inmitten der einmaligen Western-Kulisse wunderbar speisen und tolle Stunden verbringen.

TIPP: Im Anschluss sollte die riesige Turmrutsche an der Edersee-Promenade ausprobiert werden. Bevor der Rutsch-Spaß beginnt, aber erst einmal den wunderbaren Ausblick über den Edersee bestaunen!

Adresse Zündstoff-City, Am Weiher 1, 34549 Edertal-Hemfurth, www.zuendstoff-edersee.de // **Anfahrt** B 485, der L 3086 und der Beschilderung Edertalsperre folgen // **Öffnungszeiten** Mo–Fr 12–23 Uhr, Sa, So und Feiertage 10–23 Uhr // ab 5 Jahre

20_DIE ZUSAMMENKUNFT

So etwas sieht man nicht alle Tage

Mitten im Wald gelegen, nahe der Burgruine Heiligenberg, lädt ein Kunst-Rundweg die ganze Familie zum Spazieren ein. Schon am Parkplatz zeigt ein großes Schild die Richtung an. An dem etwa drei Kilometer langen Weg befinden sich 15 Kunstwerke von Künstlern aus der ganzen Welt. Kinder haben großes Vergnügen daran, dem Weg zu folgen und die Kunstwerke ausfindig zu machen. Dabei können diese überall versteckt sein: auf der Wiese, in den Baumkronen, zwischen und an den Bäumen.

Ah

Je nach Jahreszeit muss man dabei genau hinsehen, um die Kunstwerke zu entdecken. Jedes der Kunstwerke wurde nämlich aus natürlichen Materialien wie Holz, Steinen, Zapfen und Ästen sowie Baumwollstoffen, die sich in die Umgebung integrieren, gefertigt. Kleine Tafeln erklären, von welchem Künstler das jeweilige Kunstwerk stammt und wie es heißt.

Auf dem Rundweg bleiben die Kinder staunend vor dem Kunstwerk »Die Zusammenkunft« stehen. Dieses zeigt Stühle, aus denen Gedanken in Form von Bäumen wachsen. Es scheint, als würden sie friedlich beisammensitzen und über die Zukunft sinnieren. Faszinierend!

Oh

Wer möchte, kann die Wanderung mit einem kleinen Umweg zur Burgruine Heiligenberg kombinieren. Der Aufstieg zur Burg ist zwar anstrengend, dafür wird man mit einer wunderschönen Aussicht auf die nordhessische Landschaft belohnt.

Adresse Ars Natura, Wanderparkplatz Heiligenberg, 34587 Felsberg // **Anfahrt** A 7, Abfahrt Melsungen, Richtung Felsberg, der Beschilderung zum Burghotel folgen, an der Weggabelung am Ende den rechten Weg wählen, Parkplätze vor Ort // **Öffnungszeiten** Weg jederzeit begehbar // ab 5 Jahre; nicht kinderwagentauglich

TIPP: Der Tierpark Rose in Melsungen-Röhrenfurth ist zwar klein, aber fein und gibt vielen Tieren ein Zuhause.

21_DIE ALPAKAFARM

Mit Kulleraugen an der Leine

Schon von Weitem schauen einen die neugierigen Mini-Kamele von der Weide aus an. Bei einer Wanderung durch das idyllische Fuldatal bleibt genug Zeit, um Freundschaft mit einem der flauschigen Vierbeiner zu schließen. Nachdem die Tiere Halfter und Führleine angelegt bekommen haben, geht es los. Manchmal müssen die Alpakas erst einmal überzeugt werden, doch dann lassen sie sich problemlos führen. Das sanfte Wesen der Tiere hilft, anfangs noch zögerlichen Kindern Vertrauen zu vermitteln. Kinder ab sechs Jahre halten das Alpaka gemeinsam mit einem Erwachsenen an der Leine – eine Leine für das Kind, eine Leine für das Elternteil. Ab zwölf dürfen Kinder die Alpakas allein an der Leine nehmen.

Beim Spaziergang mit den Alpakas lernen Kinder, Verantwortung zu übernehmen, und ganz nebenbei wird viel Zeit an der frischen Luft verbracht. Dabei ist es wichtig zu wissen, dass Alpakas keine Kuscheltiere sind. Manch ein Tier mag es noch nicht einmal, gestreichelt zu werden, andere sind sehr zutraulich und suchen den Kontakt. So wie jeder Mensch ist eben auch jedes Tier unterschiedlich. Ihre besonders ausgeprägten Sinne, ihr sanftes Gemüt, ihre Gelassenheit und die Ruhe, die sie ausstrahlen, wirken heilend auf Körper und Seele. Und auch den Kindern merkt man an, dass sie während der Alpaka-Wanderung ganz ausgeglichen werden, schließlich ist dies auch ein ganz besonderes, unvergessliches Erlebnis, das in jedem Fall nach Wiederholung schreit.

Adresse Fuldatal Alpakas, Grebenstraße 50, 34233 Fuldatal-Ihringshausen // **Anfahrt** B 3, Abfahrt Ihringshausen, auf die Veckerhagener Straße, dann der Straße »Auf dem Hasenstock« bis zum Ende folgen, Parkplätze auf der linken Seite am Schützenhaus // **Öffnungszeiten** nach Terminvereinbarung unter Tel. 0174/6749094 oder www.fuldatal-alpakas.de; festes Schuhwerk, wetterfeste Kleidung sowie ausreichend Proviant mitnehmen // ab 6 Jahre

TIPP: Im Sommer lädt das fußläufig zu erreichende Waldschwimmbad zum Abkühlen ein. Die riesige Pinguin-Statue mitten im Kinderbecken zieht kleine Besucher magisch an.

22_DIE HAI-RUTSCHE

Trau dich rauf und hab Spaß!

Sobald man im Fuldataler Ortsteil Ihringshausen unterwegs ist, kommt man nicht umhin, dem gigantischen, fünf Meter hohen Hai in sein geöffnetes Maul mit den scharfen Zähnen zu schauen.

Von April bis Oktober wird jedes Jahr an der Ecke der alten Ziegelei ein Hüpfburgen-Spaß-Park auf einer Fläche von 5.000 Quadratmetern mit über 20 Attraktionen errichtet. Eine tolle Ausflugsidee an der frischen Luft. Die Highlights sind dabei die riesige Hai-Rutsche, die man über eine fünf Meter hohe Treppe erklimmt und bei der man anschließend durch das geöffnete Hai-Maul wieder hinausrutscht. Der Wabbelberg erinnert an einen großen Wackelpudding und lässt die Kinder immer wieder hinunterplumpsen. Der große Drache öffnet sein Maul alle paar Minuten, damit die Kleinen schnell reinkrabbeln und sich einen Platz suchen können. Bei der nächsten Maulöffnung können sie über die große Drachenzunge dann wieder nach draußen rutschen. Jede einzelne Attraktion ist ein Hingucker.

Hier können sich Kinder einen Nachmittag lang so richtig austoben und Spaß haben, aber Vorsicht: Der Abschied fällt schwer. Kein Problem, denn der Park mit den bunten Hüpfburgen hat jeden Tag geöffnet, sodass der nächste Besuch im Hüpfburgen-Spaß-Park ganz spontan geplant werden kann. Zum Abschluss des gelungenen Ausflugs gibt es am Kioskwagen verschiedene Eissorten oder Süßigkeiten.

TIPP: Fünf Autominuten entfernt befindet sich das Restaurant »Malê Food«. Hier werden sogar das Fladenbrot und die Burgerbrötchen selbst gebacken. Richtig frisch und einfach lecker!

Adresse Hüpfburgen-Spaß-Park, Ihringshäuser Straße/Ecke Ziegelei, 34233 Fuldatal-Ihringshausen, www.huepfburgen-spass-park.de // **Anfahrt** B 3, in die Straße »Ziegelei« abbiegen // **Öffnungszeiten** Mo – Fr 14 – 19 Uhr, Sa, So und Feiertage 12 – 19 Uhr // ab 3 Jahre

FULDATAL-IHRINGSHAUSEN

23_DAS WAFFELHÄUSCHEN

Schaumwaffeln, wohin man schaut

Kinder fühlen sich hier wie im Paradies, denn egal, wohin man schaut, man sieht nichts weiter als Schaumwaffeln und Schokoladenküsse in den verschiedensten Variationen und Formen. Mit oder ohne Schokolade, mit dunkler, weißer oder gestreifter Schokolade oder sogar mit bunten Streuseln dekoriert, das Sortiment ist enorm.

Kinder muss man hier im Schaumwaffel-Verkaufshäuschen der Firma Stüß bremsen, denn am liebsten würden sie alle Produkte auf einmal probieren. Verständlich, denn schließlich sieht alles zum Anbeißen lecker aus.

Wer sich bei der riesigen Auswahl, darunter 20 verschiedene Arten von Schokoladenküssen, nicht entscheiden kann, ergattert mit etwas Glück eine der beliebten gemischten Waffelkisten, sodass man eine bunte Mischung an Schaumwaffeln, Muscheln, Hörnchen und Schokoladenküssen mit nach Hause nehmen kann und sich nicht auf eine spezielle Sorte festlegen muss. Manches Mal gibt es sogar Waffelbruch. Dabei handelt es sich um Waffeln mit kleinen Schönheitsfehlern, die jedoch genauso gut schmecken wie die anderen Waffeln, denn die Produkte werden täglich frisch hergestellt. Früher befand sich ein paar Straßen weiter die Produktionsstätte der nordhessischen Waffelfabrik Stüß. Heute ist diese in Quentel bei Hessisch Lichtenau beheimatet. So ganz verlassen hat man Ihringshausen jedoch nicht, denn schon seit vielen Jahren steht auf dem Rewe-Parkplatz der Verkaufswagen mit den köstlichen Süßigkeiten.

Adresse Rewe-Parkplatz, Niedervellmarsche Straße 25, 34233 Fuldatal-Ihringshausen // **Anfahrt** B 3, Abfahrt Richtung Niedervellmar, der Niedervellmarsche Straße Richtung Ihringshausen folgen // **Öffnungszeiten** Mo–Fr 11–17 Uhr, Sa 9–14 Uhr // ab 5 Jahre

TIPP: Auf dem Hasenstock befindet sich ein toller Spielplatz, auf dem man herrlich kraxeln und rutschen kann. Aber lieber vor dem Besuch im Waffelhäuschen, sonst wird es der Schokolade an den Waffeln zu warm im Auto.

24_DIE MINIATURHÄUSCHEN

Hier werden auch Erwachsene noch mal zum Kind

In Gieselwerder befindet sich mitten auf einer Waldwiese eine ganze Stadt aus Miniaturhäuschen. Die weiträumige Anlage mit originalgetreu nachgebildeten Wassermühlen, Burgen, Schlössern, Kirchen und Rathäusern im Maßstab 1:25 beziehungsweise 1:40 lässt nicht nur Kinderherzen höher schlagen, sondern versetzt auch den ein oder anderen Erwachsenen noch einmal zurück in die eigene Kindheit. Zusammen mit dem Nachwuchs liegen die Eltern dann im Gras, um sich die liebevoll nachgebauten Gebäude aus nächster Nähe anzuschauen. Auf kleinen Tafeln ist dabei jedes Gebäude kurz beschrieben.

Ein besonderes Highlight ist der kleine Lumbach, der durch die Anlage fließt und mit seinem klaren Bergwasser zahlreiche Miniatur-Mühlräder in Bewegung hält sowie die Bäche und Seen speist. In der Freilichtausstellung kann man aber nicht nur Bauwerke aus alter Zeit bestaunen, sondern auch bekannte Kirchen und Rathäuser aus nordhessischen Dörfern. Jedes Jahr kommen neue Gebäude hinzu, zurzeit sind es ungefähr 60 Modelle.

Das sehr gepflegte Freilichtmuseum ist in den Sommermonaten ein tolles Ausflugsziel für die gesamte Familie. In der Anlage stehen ausreichend Bänke zum Ausruhen oder Beobachten bereit. Die hohen Bäume des angrenzenden Reinhardswaldes spenden an heißen Tagen Schatten. Am Kiosk kann man sich ein kaltes Getränk oder ein Eis zum Abkühlen kaufen, und auch hier sind die Preise sehr familienfreundlich.

TIPP: Verlässt man Gieselwerder über die Landstraße in Richtung Gottsbüren, sollte man unbedingt in der ersten Parkbucht anhalten, denn hier scheint das Wasser im Bach bergauf zu fließen. In Wirklichkeit handelt es sich um eine optische Täuschung, denn das Wasser hat ein geringes Gefälle, während die benachbarte Straße stärker geneigt ist.

Adresse Freilichtausstellung Mühlenplatz, Mühlenplatz 10, 34399 Gieselwerder // **Anfahrt** von der B 80 auf die L 763 Richtung Gottsbüren fahren, Parkplatz nach 100 Metern rechts // **Öffnungszeiten** 15. März–15. Okt. täglich 10–18 Uhr; Eintritt: Erwachsene 2,50 Euro, Kinder 1 Euro // ab 3 Jahre

25_DIE WASSERMÜHLE

Hier wird Korn zu Mehl gemahlen

»Es klappert die Mühle am rauschenden Bach, klipp, klapp …«, heißt es in einem bekannten Kinderlied, das von einem Müller und seiner Wassermühle erzählt, mit deren Hilfe er täglich Korn zu Mehl mahlt. In Grebenstein nördlich von Kassel befindet sich eine der letzten noch voll funktionstüchtigen Wassermühlen in ganz Hessen: die Hagenmühle.

Die Hagenmühle ist eine traditionelle Wassermühle aus dem 15. Jahrhundert und in der zehnten Generation im Familienbesitz. Schon beim Betreten des Hofes spürt man, wie viel Leidenschaft und Herzblut in dem Familienbetrieb stecken. Der Müller lädt gern zu einer spontanen Führung über den Hof ein und gibt einen Einblick in das Müllerhandwerk. Hier staunen nicht nur Kinder, wenn sie erfahren, wie das Korn durch das mit Wasserkraft betriebene Mahlwerk zu Mehl gemahlen und daraus ein herrlich duftendes Brot gebacken wird.

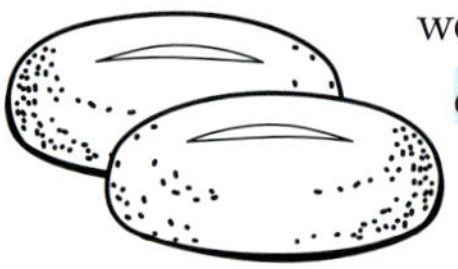

Angetrieben wird die Mühle von einem Wasserrad und dem Wasser des durch Grebenstein fließenden Flusses Esse. Vermahlen werden die vier Getreidesorten Weizen, Roggen, Dinkel und Emmer, die man anschließend im Hofladen kaufen kann. Nach einer Führung durch die Hagenmühle bietet sich ein Besuch im Hofcafé an, wo man ein köstliches und selbst gebackenes Stück Kuchen – natürlich mit dem Mehl der Mühle gebacken – genießen kann. Für Kinder ist ein Ausflug in die Hagenmühle in jedem Fall sehr erlebnis- und lehrreich.

Adresse Hagenmühle, Bahnhofstraße 18, 34393 Grebenstein, www.hagenmuehle.com // **Anfahrt** B 83, Abfahrt Grebenstein-Mitte, Richtung Immenhausen, der Bahnhofstraße folgen und vor dem Rewe parken // **Öffnungszeiten** Mi–Fr 9–13 und 15–18 Uhr, Sa 9–13 Uhr, Gruppenführungen unter Tel. 05674/206 buchbar; Eintritt frei // ab 5 Jahre

TIPP: Im Grebensteiner Ortsteil Schachten gibt es Fleisch und Wurst direkt vom Erzeuger. Freitags und samstags ist der Hofladen geöffnet, ein Verkaufshäuschen ist 24/7 zugänglich. Kinder dürfen einen Blick in den Stall werfen.

26_DER MUSIKALISCHE WEG

Sing und tanz doch mal!

Im Herzen der Stadt Gudensberg wurde etwas Grandioses erschaffen: zwölf musikalische Mitmach-Stationen, verteilt auf einer Strecke von 7,5 Kilometern durch die Stadt, aber auch durch die Natur. Mit dabei: das Maskottchen des musikalischen Wanderweges: der Rabe Kolki. Mit Hilfe eines Audioguides, der über einen QR-Code an jeder der Stationen gescannt werden kann, erfährt man viel Wissenswertes über Musik und kann sogar selbst tätig werden.

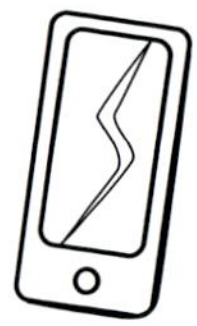

Los geht es an der Märchenbühne im wunderschön gelegenen Stadtpark. Kinder sind begeistert, wenn sie die Klangobjekte entdeckt haben und testen dürfen, wie die verschiedenen Instrumente klingen. An der zweiten Station können sie sich dann so richtig auspowern und an die Fässer, Kisten und Trommeln schlagen. Faszinierend, wie unterschiedlich die Klänge sind. So hat jede der bunt gestalteten Stationen etwas Einzigartiges. Besonders lustig: Der Rabe Kolki liefert über die App amüsante Musikideen wie ein Obst-Wörter-Klatschspiel oder einen langen Wurmsatz zum Nachsprechen mit. Lachen ist hier vorprogrammiert!

Unterwegs gibt es immer wieder Sitzmöglichkeiten, im Backhaus neben dem Rathaus findet man sogar eine öffentliche Toilette. Die musikalische Entdeckungsreise animiert zum aktiven Mitmachen und Ausprobieren und ist für alle Generationen geeignet. Ein großer Familienspaß!

TIPP: In der Pfarrstraße gibt es einen tollen Spielplatz mit einem Nicht-den-Boden-berühren-Parcours und einer Turmrutsche.

Adresse Märchenbühne Gudensberg, Stadtpark, 34281 Gudensberg // **Anfahrt** A 49, Abfahrt Gudensberg, über Besser Straße und »Freiheit«, Parkmöglichkeiten in der Kasseler Straße // **Öffnungszeiten** jederzeit zugänglich; barrierefrei // ab 4 Jahre

27_DIE MILCHALM

Von der Milch zum Eis

In Gudensberg-Obervorschütz befindet sich eine ganz besondere Attraktion für Klein und Groß: eine Milchalm mit Erlebnisbauernhof. Auf dem riesigen Hof können die Milchkühe in ihren offenen Ställen und auf den weitläufigen Wiesen ganz aus der Nähe bestaunt werden. Im Sommer dürfen Kinder die neugeborenen Kälbchen in ihren Boxen bewundern und sogar streicheln. Zum Dahinschmelzen!

Der hofeigene Spielplatz mit Seilbahn und Schaukeln lädt zum Spielen ein. An warmen Sommertagen fließt eine lange Wasserstraße einmal quer über den Spielplatz. Kinder lieben es, barfuß durch das Wasser zu marschieren oder die kleinen Fingerchen in das kühle Nass zu halten. Die Erwachsenen lassen von der Terrasse aus den herrlichen Ausblick über die weiten Felder auf sich wirken.

Versüßt wird der Ausflug zur Milchalm durch den Verzehr einer köstlichen Kuchen- oder Eisspezialität. Die hausgemachten Kuchen, Milchshakes und Eissorten zählen zu den besten der Region und sollten unbedingt probiert werden. Aber Achtung: Es besteht akute Suchtgefahr! Am besten, man packt zu Hause eine kleine Kühltasche ins Auto, um sich im Hofladen mit ausreichend Eis zu versorgen. Auf Griesels Milchhof in Gudensberg kann man glatt einen ganzen Nachmittag verbringen. Nebenbei lernen die Kinder anschaulich, wie glückliche Milchkühe leben.

Adresse Griesels Milchhof, Oberster Riedsweg 1, 34281 Gudensberg-Obervorschütz, www.griesels-milchhof.de // **Anfahrt** A 49, Abfahrt Gudensberg, der Beschilderung Richtung Obervorschütz folgen und in der Gudensberger Straße in Oberster Riedsweg einbiegen // **Öffnungszeiten** Fr–So 14–18 Uhr oder siehe Homepage // ab 3 Jahre

TIPP: Im Golfpark Gudensberg kann die ganze Familie zusammen Fußballgolf spielen (www.golfpark-gudensberg.de). Top Familienprogramm!

HANN. MÜNDEN

28_DER KUSS DER FLÜSSE

Wo Werra sich und Fulda küssen

»Wo Werra sich und Fulda küssen / Sie ihre Namen büssen müssen. / Und hier entsteht durch diesen Kuss / Deutsch bis zum Meer der Weser Fluss«, so steht es auf dem Weserstein, der sich oberhalb des Fluss-Kusses befindet. Einige Erwachsene können diesen Spruch wie aus der Pistole geschossen mitsprechen, da sie ihn einst in der Schule auswendig lernen mussten.

Hier am Weserstein in Hann. Münden, nur einen Steinwurf hinter der nordhessischen Grenze, findet also nicht nur ein atemberaubendes Naturschauspiel statt. Wer einmal am Weserstein stand und sich angeschaut hat, wie sich die Werra von rechts und die Fulda von links kommend in der Mitte vereinen oder besser gesagt sanft küssen und zur Weser werden, wird dies so schnell nicht vergessen. Und die Weser? Die Weser fließt nun in Richtung Norden und mündet kurz hinter Bremerhaven in die Nordsee. Ziemlich genau hier am Weserstein beginnt auch der Weserradweg, einer der beliebtesten Fernradwege Deutschlands, der in Cuxhaven endet.

Über die Mühlenbrücke gelangt man direkt in die historische Altstadt mit ihren wunderschönen Fachwerkhäusern. Vor dem Rathaus kann man täglich um 12, 15 und 17 Uhr ein wahres Schauspiel erleben. Dann beginnt das Glockenspiel, und die Schaufassade öffnet sich. Heraus kommt ein Figurenumlauf, der Szenen aus dem Leben des landesweit bekannten und erfolgreichen Handwerkschirurgen Doktor Eisenbarth zeigt und dazu die Melodie »Ich bin der Doktor Eisenbart« spielt.

TIPP: Direkt neben dem Weserstein steht eine Münz-Press-Maschine. Mit etwas Kleingeld und viel Kurbelei kann man sich ein Fünfcentstück platt walzen und mit dem Sinnspruch vom Weserstein verschönern lassen. Ein tolles Andenken an diesen besonderen Ort!

Adresse Weserstein in 34346 Hann. Münden // **Anfahrt** B 496, in den Kasseler Schlagd abbiegen, dann in die Tanzwerderstraße und dort am Ende der Straße parken // **Öffnungszeiten** jederzeit zugänglich // ab 5 Jahre

29_DER BRUNNENTEMPEL

Edles Wasser aus der Tiefe

Der Brunnentempel in Hofgeismar ist nicht nur wunderschön anzuschauen, sondern auch die Geschichte, die hinter ihm steckt, ist spannend. Im Jahr 1639 entdeckte ein verletzter Soldat genau an dieser Stelle eine Mineralquelle. Im Jahr 1790 begann man schließlich mit dem Bau des Tempels mit seinen acht Säulen und dem kugelförmigen Dach sowie der Fassung der Mineralquelle. Er diente jahrzehntelang als prächtige Badeanlage für Gäste aus ganz Deutschland.

Heute erreicht man die Mineralquelle, aus der noch immer Wasser sprudelt, über zwei Treppen, die in die Tiefe führen. Die Quelle mit ihrem großen goldenen Teller zieht kleine Kinderhände geradezu magisch an. Wer möchte, kann das Wasser gern einmal probieren, es hat allerdings einen hohen Eisen- und Kochsalzgehalt. Mehrmals im Jahr finden an diesem besonderen Ort sogar Taufen statt.

Geht man nun die Allee zwischen den beiden Gebäuden weiter, erreicht man nach nur wenigen Metern den zauberhaften Brunnenpark. Hier haben Kinder die Gelegenheit, über die vielen Steine im Bachlauf, der sich durch die gesamte englische Parkanlage schlängelt, zu hüpfen, sie dürfen ihre Füße in den kleinen Wasserfall halten oder Enten am großen Schwanenteich beobachten. Ein toller, nicht zu überlaufener Ort, der sich hervorragend für eine kleine Auszeit vom Alltag eignet.

TIPP: Für alle kleinen und großen Wasserratten bietet das »Bad am Park«, das sich am anderen Ende des Brunnenparks befindet, zu jeder Jahreszeit Badespaß. Hier gibt es eine tolle Röhrenrutsche, eine gelbe Flitzrutsche und für die Allerkleinsten ein beheiztes Babybecken.

Adresse Gesundbrunnen 8, 34369 Hofgeismar // Anfahrt B 83, Abfahrt Hofgeismar-Nord, über Brunnenstraße rechts in »Gesundbrunnen« // Öffnungszeiten jederzeit // ab Kindergartenalter

30_DIE HEXENKÜCHE

Bloß nichts anfassen!

Museumsbesuche scheinen für Kinder auf den ersten Blick richtig öde zu sein. Hier müssen sie still sein und dürfen nichts anfassen. Wie langweilig! Im Apothekenmuseum in der Hofgeismarer Innenstadt jedoch bekommen die Kleinen ganz schön große Augen, denn schon beim Betreten des Museums fühlen sich nicht nur Kinder, sondern auch Erwachsene plötzlich in die Vergangenheit zurückkatapultiert.

Das älteste Gebäude der Region, das 1239 zum ersten Mal urkundlich erwähnt wurde, beherbergt eine atemberaubende Apothekensammlung der vergangenen 350 Jahre. Auf insgesamt fünf Ebenen sind gut erhaltene Geräte und Materialien sowie die Hexenküche mit den Laborgeräten der damaligen Zeit zu sehen. Kinder staunen nicht schlecht, wenn sie begreifen, dass die Hauptaufgabe eines Apothekers damals war, die Medikamente selbst herzustellen. Wer möchte, darf sogar selbst ausprobieren, Pillen zu pressen. Heute greifen die Menschen einfach nur ins Regal, das Medikament ist fertig und sogar schon verpackt!

Der Hingucker des Museums ist die originale Apothekeneinrichtung des Verkaufsraums der Hirsch-Apotheke von 1801. Spätestens bei diesem Anblick wähnt man sich in einer anderen Zeit. Nach Verlassen des Museums lohnt es sich, noch einen Blick in den Apothekergarten, der direkt an das Gebäude angrenzt, zu werfen. Hier wachsen über 150 heimische Kräuter und Heilpflanzen.

Adresse Apothekenmuseum, Apothekenstraße 5, 34369 Hofgeismar // **Anfahrt** B 83, Abfahrt Hofgeismar-Süd, der Hauptstraße folgen, in der Bahnhofstraße links abbiegen und in die Stadtmitte fahren, Parkplätze an der Stadthalle // **Öffnungszeiten** Mi, So 15–18 Uhr; Eintritt frei // ab 6 Jahre

TIPP: Im Kantor-Rohde-Park kann man sich die Beine bei einem herrlichen Blick über die Stadt vertreten. Mit der alten Kapellenruine und den bunten Pflanzen im Hintergrund ist er auch ein toller Ort für ein kleines Familien-Fotoshooting.

31_WO DORNRÖSCHEN SCHLÄFT

Kannst du sie zum Erwachen bringen?

Die nordhessische Stadt Hofgeismar ist auch unter dem Namen »Dornröschenstadt« bekannt. Den Namen verdankt sie den Brüdern Grimm und dem nur wenige Kilometer entfernten Dornröschenschloss Sababurg, das als Schauplatz des berühmten Märchens gilt. Bei einem Spaziergang durch die Hofgeismarer Innenstadt mit ihren wunderschönen Fachwerkhäusern trifft man auf dem Rathausplatz auf das im Jahr 2021 aufgestellte lebensgroße Dornröschen-Denkmal.

Hier erinnern sich die Kinder an die schönste Passage aus dem gleichnamigen Märchen: Der Prinz erweckt Dornröschen mit einem Kuss aus ihrem 100-jährigen Schlaf, nimmt ihre Hand und führt sie zum Traualtar. Für Kinder ist der Prinz natürlich durch und durch ein Held, denn schließlich erlöst er das arme Dornröschen aus ihrem langen Schlummer.

In den Sommermonaten ist Hofgeismar mit vielen bunten Rosen geschmückt und zaubert somit zusätzlich eine märchenhafte Stimmung in die ohnehin wunderschöne Kleinstadt. In unmittelbarer Nähe des Dornröschen-Denkmals befindet sich ein weiteres Highlight für Kinder: ein großer, frei stehender Springbrunnen. Der Springbrunnen zieht insbesondere kleinere Kinder magisch an. Hier können sie sich bei warmen Temperaturen abkühlen oder die klebrigen Eis-Fingerchen abwaschen. Besonders Mutige stellen sich direkt auf die Wasserfontänen oder laufen im Slalom um sie herum. In jedem Fall ist es von Vorteil, Wechselkleidung dabeizuhaben.

TIPP: Jeden Sonntag und an Feiertagen wacht Dornröschen ab 14 Uhr wieder auf. Das Dornröschenschloss Sababurg lädt dann zu einer kostenlosen Märchenaufführung mit Dornröschen und dem Prinzen ein (Infos unter www.erlebnis-sababurg.de).

Adresse Dornröschen-Denkmal, Markt 3–9, 34369 Hofgeismar // **Anfahrt** B 83, Abfahrt Hofgeismar-Süd, der Hauptstraße folgen, in der Bahnhofstraße links abbiegen und in die Stadtmitte fahren, Parkplätze an der Stadthalle // **Öffnungszeiten** jederzeit zugänglich // ab 3 Jahre

32_DER SCHMETTERLINGSWEG

Schmetterlinge, wohin du schaust

Kinder zum Wandern zu animieren ist zugegebenermaßen nicht immer einfach. Manchmal muss man ihnen dabei erst einmal die Route schmackhaft machen, indem man ihnen zum Beispiel erklärt, dass es auf dem Weg der Schmetterlinge über 100 verschiedene Arten von Schmetterlingen gibt. Und wenn selbst das nicht zieht, dann sind es vielleicht die Klippen, die während des Spaziergangs bekraxelt werden dürfen.

Der im Jahr 2020 eröffnete Diemeltaler Schmetterlings-Steig ist insgesamt 152 Kilometer lang und in mehrere Etappen unterteilt. Besonders spannend für Kinder ist die Strecke ab Hümme in Richtung Segelflugplatz. Die Kinder staunen begeistert, während ihre Köpfe nach oben gerichtet sind, um den Segelfliegern zuzuwinken.

Sobald man in den Buchenwald eintaucht, wird man von bunten Orchideen, duftenden Wacholdersträuchern und den ersten bunten Schmetterlingen begrüßt. Nicht umsonst ist das Diemeltal offiziell als wichtiges europäisches Schmetterlingsgebiet ausgewiesen. Die artenreichen Kalkmagerrasen im Diemeltal bieten Raum für Pflanzen, die durch Dünger und Pestizide in der heutigen Agrarlandschaft keinen Platz mehr finden. Schmetterlinge sind auf viele dieser besonderen Pflanzen angewiesen. Ein Spaziergang auf dem ausgeschilderten Schmetterlings-Steig wird daher in der Hauptsaison von April bis August immer mit einem Blick auf die bunten Falter belohnt. Ein tolles Erlebnis!

Adresse Schmetterlings-Steig, Start: Hümme, Tiefenweg 12, 34369 Hofgeismar-Hümme // **Anfahrt** B 83, Abfahrt Hofgeismar-Hümme, über Brückenstraße in den Tiefenweg, Parkplätze am Bahnhof, dann in Richtung Segelflugplatz, Naturschutzgebiet Dingel und Eberschützer Klippen wandern // **Öffnungszeiten** jederzeit // ab 5 Jahre; nicht kinderwagentauglich

TIPP: Wandern macht hungrig. Auf der Heimfahrt kann man sich in Hofgeismar im Restaurant »Da Toni« mit einer italienischen Pizza stärken.

33_DAS RÖHRENLABYRINTH

Findet garantiert nicht jeder

Der größte und älteste Zoo Europas liegt mitten im nordhessischen Reinhardswald und ist unter dem Namen Tierpark Sababurg bekannt. Hier leben 80 teils vom Aussterben bedrohte Tierarten. Ein besonderes Highlight für Kinder ist neben den Tieren das versteckte Röhrenlabyrinth.

Das Labyrinth ist in die Parkanlage integriert und durch Büsche und Gräser so gut zugewachsen, dass viele Tierparkbesucher daran vorbeilaufen. Haben Kinder dieses tolle Labyrinth, das aus riesigen Betonröhren gebaut wurde und mit Holzbohlen ausgelegt ist, erst einmal entdeckt, gibt es kein Halten mehr. Je nach Körpergröße laufen oder krabbeln sie durch die Röhren und werden, insofern sie die richtige Abzweigung nehmen, mit einem außergewöhnlichen Erlebnis belohnt: dem Blick in das große Hasen- und Meerschweinchen-Gehege. Hier können sich die Kinder eine ganze Weile aufhalten, um danach erneut die verschiedenen Gänge des Labyrinths auszuprobieren, herumzuflitzen und Verstecken zu spielen. Nach dem Besuch des Labyrinths bietet sich ein Spaziergang durch die gepflegte Parkanlage, die eine Gesamtfläche von über 130 Hektar aufweist, an. Hier gibt es neben den Tieren in den großzügig angelegten Freigehegen auch noch einen Bauernhof, ein Bienenhaus und einen Schildkrötenteich. Außerdem dürfen in den Kontaktgehegen Wellensittiche, Ziegen, Schafe und Esel gestreichelt und mit Tierparkfutter gefüttert werden.

TIPP: Im Restaurant des Dornröschenschlosses Sababurg kann man nach dem Tierpark-Besuch wunderbar speisen.

Adresse Tierpark Sababurg, Sababurg 1, 34369 Hofgeismar-Sababurg // **ÖPNV** Bus 190 vom Bahnhof Hofgeismar und von Hann. Münden zum Tierpark // **Anfahrt** B 83, Abfahrt Sababurg, der Straße ca. 11 Kilometer folgen // **Öffnungszeiten** variieren je nach Jahreszeit, Infos unter www.tierpark-sababurg.de // für jedes Alter; Ausleihe von Bollerwagen gegen kleine Gebühr möglich

34_DER URWALD

Zwischen Baumriesen und Adlerfarn

Bereits nach dem Betreten des Waldgebietes fühlt man sich wie in einer anderen Welt. Kinder wissen es natürlich genauer und nennen die Gegend liebevoll Märchen- oder Zauberwald. Die mächtigen knorrigen Bäume, die teilweise über 600 Jahre alt sind, sowie der meterhohe Farn strahlen eine besondere Atmosphäre aus. Schon am Parkplatz werden die Kinder zum Laufen animiert. Eine große drehbare Tafel erklärt, welche Tiere sich hier im Urwald verstecken, und liefert kindgerechte Informationen. Ein buntes Schild mit einem Urwaldkäfer, einem Specht sowie einem Eichenblatt zeigt am Wegesrand, wo es langgeht.

Folgt man einem der drei Rundwege, kommt man an gigantisch großen Bäumen vorbei, die einen selbst wie einen Zwerg wirken lassen. Zudem scheint jeder Baum seine eigene Geschichte erzählen zu wollen. Einige Bäume sehen aus wie Skulpturen, andere haben mehrere Stämme, manche sind im Laufe der Jahre umgestürzt und mit anderen Bäumen verwachsen. Jeder einzelne Baum sieht auf seine Art dabei unbeschreiblich schön aus. Die Gegend ist mehr als sehenswert und das Zuhause vieler Pflanzen, Tiere und Insekten. Da der Urwald Sababurg das älteste Naturschutzgebiet Hessens ist, sollte man unbedingt auf den Wegen bleiben, nicht auf Bäume klettern und die Natur so verlassen, wie man sie vorgefunden hat, damit diese einzigartige Umgebung auch viele andere Menschen zum Staunen bringt.

TIPP: Eine Kutschfahrt durch den Reinhardswald bis zum Dornröschenschloss Sababurg ist ein unvergessliches Erlebnis für die ganze Familie.

Adresse Sababurger Straße, 34369 Hofgeismar-Sababurg // **Anfahrt** B 83, Abfahrt Sababurg, der Straße ca. 10 Kilometer folgen // **Öffnungszeiten** jederzeit zugänglich // ab 5 Jahre; für Kinderwagen und Bollerwagen geeignet

35_DIE BUCHZELLE

Nimm raus, stell rein

»Was ist das denn für ein kleines gelbes Häuschen?« Die meisten Kinder kennen die gelben Telefonzellen nicht mehr, die noch vor der Zeit der Smartphones aus keiner Stadt und keinem Dorf wegzudenken waren. Was für uns Erwachsene zur Kindheitserinnerung zählt und an so manchen Telefonstreich denken lässt, ist für unsere Kinder kaum mehr vorstellbar, nämlich dass man dort noch vor wenigen Jahren zum Telefonieren hingegangen ist.

Im Hofgeismarer Ortsteil Schöneberg wurde so eine Telefonzelle kurzerhand in eine Buchzelle mit Regalen upgecycelt. Die Buchzelle findet seit einigen Jahren großen Anklang bei Groß und Klein. Bringen, tauschen, holen, lesen, lautet die Devise. Sie ist ein toller Anlaufpunkt für die Anwohner sowie für Menschen, die auf der Durchreise sind und neuen Lesestoff benötigen.

Das Sortiment ist eine bunte Mischung und bietet für jeden Geschmack und jede Altersklasse etwas. Von Bilderbüchern über Leselernbücher bis hin zu Krimis, Romanen und Reiseführern findet hier garantiert jeder das Richtige. Und wer sein Bücherregal zu Hause mal durchsehen möchte, darf die Bücher, die er nicht mehr braucht, gern in die Buchzelle stellen, denn es freut sich garantiert jemand anderes darüber. Die Idee der Buchzelle ist phantastisch, sie belastet nicht den Geldbeutel, erläutert den Kindern das Tausch-Prinzip und tut gleichzeitig der Umwelt gut.

TIPP: Zwei Häuser weiter gibt es köstliches Eis vom Bauernhof. Auch in der kalten Jahreszeit zu empfehlen, denn dann wird leckeres Wintereis verkauft (Fr, Sa 15–18 Uhr, So 14–18 Uhr).

Adresse Bremer Straße, 34369 Hofgeismar-Schöneberg // Anfahrt an der B 83 in der Ortsmitte, neben dem ehemaligen Hotel Reitz // Öffnungszeiten jederzeit zugänglich // ab 5 Jahre

36_DIE FLASCHENORGEL

Musizieren auf Glasinstrumenten

Das Glasmuseum in der ehemaligen Glashütte Süßmuth ist ein absoluter Geheimtipp für Familien, die einmal etwas Besonderes erleben und mehr über die Geschichte der Glaskunst erfahren möchten. Neben einer Museumsrallye, bei der 15 verschiedene Glasobjekte gefunden werden müssen, bekommen die Kinder einen Einblick in die Kunst der Glasherstellung. So lernen sie zum Beispiel, wie der Entwurf der ersten Kaffeemaschine im Jahr 1948 aussah oder wie prachtvoll der Humpen des Kurfürsten war.

Wer alle Objekte im Museum entdeckt hat, kann an einer Verlosung teilnehmen und kleine Preise gewinnen. Die Rallye findet das ganze Jahr über statt. Während des Rundgangs durch das Glasmuseum bleiben die Kinder in der ersten Etage neugierig stehen, denn dort sind neben einer Flaschenorgel weitere Musikinstrumente aus Glas ausgestellt, die zum Musizieren einladen. Ganz automatisch nehmen sich die Kinder vorsichtig die Schlägel, um sanft über die Instrumente zu streichen, schließlich sind diese ja aus Glas. Der Klang jedes einzelnen Instruments hört sich wunderbar angenehm an, sodass die Geräusche niemanden im Museum stören. Um alle Instrumente in Ruhe ausprobieren zu können, benötigt man schon etwas Zeit. Kinder können hier stundenlang musizieren und staunen.

Eine weitere Attraktion ist die Flaschenbrücke. Na, wer traut sich, über die vielen Flaschen auf die andere Seite der Brücke zu laufen?

Adresse Glasmuseum Immenhausen, Am Bahnhof 3, 34376 Immenhausen, www.immenhausen.de/glasmuseum // **ÖPNV** regelmäßige Bahnverbindungen von Kassel und Warburg nach Immenhausen // **Anfahrt** B 83, Abfahrt Immenhausen, der Burguffler Straße und der Grebensteiner Straße folgen, über die Serastraße zum Parkplatz in der Straße »Am Bahnhof« // **Öffnungszeiten** Di–Do 10–17 Uhr, Fr–So 13–17 Uhr; Eintritt: Familienkarte 8 Euro; barrierefrei // ab 5 Jahre

TIPP: Donnerstags und freitags ist im Hallen- und Freibad der Stadt Immenhausen Warmbadetag, samstags findet ein Spielzeugnachmittag statt. Dann steht in den Schwimmbecken Wasserspielzeug zur freien Verfügung bereit.

37_DER MÄRCHENWALD

Hier leben Feen und Elfen

Feen und Elfen gibt es nicht? Oh doch, schau nur genau hin! Der Naturpark Reinhardswald hat viele wunderschöne Ecken, aber nur wenige kennen das insbesondere für Kinder beeindruckende und erlebnisreiche Waldgebiet bei Immenhausen. Sobald man am Pfadfinderheim vorbei und in den Wald eingetaucht ist, wird einem nach wenigen Metern klar: Hier müssen Feen und Elfen wohnen, denn die märchenhafte Umgebung ist einzigartig und scheint wie verzaubert zu sein.

Der Wanderweg führt durch ein Naturschutzgebiet und an einem kleinen Bächlein namens Holzkape entlang, den man mehrmals recht abenteuerlich mit Hilfe von urigen Holzbrücken, Steinen oder Holzstämmen überqueren muss. Im Sommer kann man hier Hunderte von Kröten, die sich auf den Steinen sonnen oder in der Holzkape baden, bestaunen. Aber auch Libellen, Schmetterlinge und andere Insekten entdeckt man auf dem Weg durch den Märchenwald. Als wäre das nicht schon genug, folgen Highlights wie kleine, atemberaubende Wasserfälle, ein Nicht-den-Boden-berühren-Parcours oder ein liebevoll dekorierter Platz, an dem die Tiere Weihnachten im Wald feiern.

Abschließend verlässt man den Wald und kommt am malerischen Rothbalzer Teich vorbei. Der Wanderweg ist zwar über fünf Kilometer lang, die fühlen sich aber keinesfalls so lang an. Aufgrund der vielen spannenden Orte laufen die Kinder, ohne zu murren, durch den Märchenwald und sagen, wieder am Auto angekommen, nicht selten: »Bitte noch mal!«

TIPP: Beim Bundeszentrum der Pfadfinder gibt es an ausgewählten Nachmittagen die Möglichkeit zur Einkehr mit Kaffee und Kuchen. Die Grillstelle auf dem Zeltplatz darf immer genutzt werden.

Adresse Wanderparkplatz Zentrum Pfadfinden, Kesselhaken 23, 34376 Immenhausen // **Anfahrt** L 3233, Abbiegung Richtung Pfadfinder-Zentrum, der Straße bis zum Wanderparkplatz folgen, Ahlberg-Reinersen-Rundweg mit der Nummer 1 ausgeschildert // **Öffnungszeiten** jederzeit zugänglich // ab 3 Jahre; nicht für Kinder- oder Bollerwagen geeignet

38_DIE ALTE KIPPLORE

Auf den Spuren der Bergmänner

Magisch werden Kinder von der alten Kipplore auf der mitten im Reinhardswald liegenden Freizeitanlage »Glück auf« in Holzhausen angezogen. Die Kipplore steht hier zur Erinnerung an den Braunkohlebergbau, der zwischen 1611 und 1970 genau an dieser Stelle stattfand und vielen Menschen einen festen Arbeitsplatz sicherte. Nachdem der Betrieb im Jahr 1970 geschlossen werden musste, da Erdöl immer beliebter wurde, wurden alle Stolleneingänge verschüttet und die Gebäude abgerissen. Noch heute kann man die Grundrisse der Gebäude sehen und die originale Kipplore bestaunen.

Für Kinder ist dieser Ort, an dem man in die Vergangenheit eintaucht, lehrreich und geheimnisvoll zugleich. Unvorstellbar, dass damals die schwer beladenen Kipploren nur durch Menschenkraft teilweise kilometerlang auf Schienen geschoben wurden. Seitlich konnte die Ladung dann abgekippt werden, daher auch der Name Kipplore.

Schaut man sich einmal genauer um, entdeckt man in unmittelbarer Nähe ein Wassertretbecken, das im Sommer für Abkühlung sorgt, sowie einen kleinen Spielplatz mit einer Schaukel und einer Wippe und die Schweinehirtenbuche. Eine überdachte und mit Sitzmöglichkeiten ausgestattete Hütte bietet ausreichend Platz zum Rasten, während sich die Kinder ungestört auf der Wiese, dem Spielplatz oder beim Spiel mit der Kipplore austoben können. Ein Riesenspaß!

TIPP: In der Eisdiele Taranto in Immenhausen sollte man sich unbedingt ein Micky-Maus-Eis bestellen. Die Kugeln sind riesig! Und für Hunde gibt es extra Leberwursteis.

Adresse Kleebergstraße, 34376 Immenhausen-Holzhausen // **Anfahrt** L 3232, in die Kleebergstraße einbiegen und dort parken, zu Fuß weiter in Richtung Freizeitanlage »Glück auf« // **Öffnungszeiten** jederzeit // ab 5 Jahre; nicht kinderwagentauglich

39_DIE MILCHTANKSTELLE

Zapf dir dein Milchmixgetränk

Frische Milch direkt von der Kuh und dann noch in verschiedenen Geschmacksrichtungen? Das gibt es nur in der Milchtankstelle auf dem familiengeführten Hof Schäfer in Holzhausen. 140 Kühe sorgen an sieben Tagen in der Woche dafür, dass die Milchtankstelle sowie die nahe gelegenen Molkereien mit frischer Rohmilch versorgt werden.

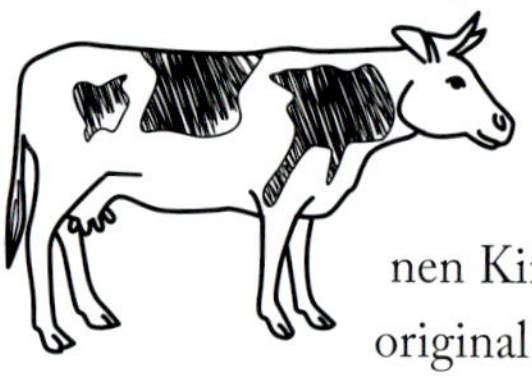

Schon beim Betreten des Milchhofes staunen Kinder nicht schlecht, denn sie werden von zwei original aussehenden Kunststoff-Kühen begrüßt. Kurz ein Foto machen, dann geht es direkt weiter, denn nur wenige Meter entfernt stehen die echten Kühe im Stall, dessen Tür meistens offen ist, damit man hineinschauen kann. So viele Kühe auf einen Streich haben wohl die wenigsten schon mal gesehen. Richtig große Augen bekommen Kinder jedoch, wenn sie die Milchtankstelle entdecken. In einem kleinen Holzhäuschen kann zu jeder Tageszeit frische Rohmilch in große Glasflaschen gefüllt werden.

Das ist aber noch nicht alles, denn wer mag, kann sich am Automaten ein Pulver in den Geschmacksrichtungen Banane, Erdbeere, Schokolade oder Vanille kaufen, es in die Flasche geben, mit Milch auffüllen und einmal kräftig schütteln – fertig ist das frische Milchmixgetränk. Hmmm, einfach lecker! Milchautomaten gibt es mittlerweile zwar einige, aber eine Tankstelle, an der frische Milch in verschiedenen Geschmacksrichtungen angeboten wird, gibt es in der ganzen Region nur ein einziges Mal.

TIPP: Ganz in der Nähe liegt Gut Waitzrodt, besser bekannt als Gut Kaltenbach. Hier wurden zwischen 2012 und 2019 die bekannten Ostwind-Filme gedreht. Da es sich um Privatgelände handelt, sollte man sich anmelden, dann darf man sich ein wenig umschauen (Tel. 05673/7162).

Adresse Milchviehbetrieb Schäfer, Weidestraße 15, 34376 Immenhausen-Holzhausen, www.milchviehbetrieb-schaefer.de // **Anfahrt** an der L 3233 am Ortsrand von Holzhausen // **Öffnungszeiten** Mo – So 8 – 20 Uhr // ab 3 Jahre

40_DIE BOULDERHALLE

Hoch hinaus mit Muskelkraft

Viele bunte Griffe in Form von Tieren, Zahlen und Steinen laden im Kletterzentrum Nordhessen zum Bouldern ein. Jeder klettert dabei nur so hoch, wie er es sich zutraut. In der speziell für Kinder und Schulklassen vorgesehenen Halle können sich bereits die Allerkleinsten an den verschiedenen Griffen entlanghangeln. Dabei gibt es Klettermöglichkeiten in unterschiedlichen Schwierigkeitsgraden. Kinder sind mächtig stolz und feiern sich gegenseitig, wenn sie am Ziel angekommen sind. Ein sehr sportlicher Spaß!

Im vorderen Bereich der Halle befindet sich eine Spielecke, bestehend aus bunten Schaumstoffbausteinen, Softbällen und einer Kletterwand mit ganz einfach zu bewältigenden Abständen. Wer eine Pause braucht, kann sich im Bistro bei einem Eis oder einem Getränk erfrischen und nebenbei die Kletterkünste der erfahrenen Kletterer durch die große Glasscheibe bewundern.

Nach der Stärkung geht es aber schnell wieder in die 200 Quadratmeter große Boulderhalle, denn das Klettern macht einfach Spaß und auch ein bisschen süchtig. Den Absprung zu schaffen, um nach Hause zu fahren, ist hier nicht leicht. Wer einmal einen etwas anderen und entspannten Kindergeburtstag feiern möchte, ist hier ebenfalls an der richtigen Adresse: Das Kletterzentrum bietet ein spezielles Angebot mit einer Kletter-Schatzsuche für Kindergeburtstagsfeiern an.

Adresse Kletterzentrum Nordhessen, Johanna-Waescher-Straße 4, 34131 Kassel-Bad Wilhelmshöhe, Tel. 0561/2078807 // **ÖPNV** Tram 3, 7, Haltestelle Marbachshöhe // **Anfahrt** B 3/Frankfurter Straße, über die Leuschnerstraße in die Eugen-Richter-Straße, dann in die Johanna-Waescher-Straße abbiegen, kostenlose Parkplätze vor Ort // **Öffnungszeiten** Mo, Mi 13–22.45 Uhr, Di, Do, Fr 10–22.45 Uhr, Sa, So 10–21.45 Uhr // ab 5 Jahre

TIPP: In der Wilhelmshöher Allee, direkt neben dem ICE-Bahnhof, gibt es etwas Lustiges zu sehen: Dort steht ein Bett auf einem Hausdach.

41_DAS CHINESISCHE DORF

Eine Reise in ein anderes Land

Eine kleine Reise nach China gefällig? Nein, dazu muss man nicht in ein Flugzeug steigen, denn mitten in Nordhessen gibt es ein kleines Dorf, das im chinesischen Stil erbaut wurde.

Im Mou-lang verstecken sich Drachen an Hauswänden und in eisernen Gartenzäunen, prachtvolle Löwenfiguren zieren die Eingangsbereiche der Gebäude. Rosen und Hortensien in den verschiedensten Farben runden den schönen Anblick ab. Die kleinen Wasserbrunnen sind in den Sommermonaten ein wahrer Anziehungspunkt für Kinderhände.

Das Prachtstück des chinesischen Dorfes und eine wahre Augenweide ist jedoch die noch heute sehr gut erhaltende Pagode, so wird ein ostasiatischer Tempel genannt. Darin befinden sich eine Buddha-Figur sowie eine Scheinbibliothek aus Holz. Kinder werden beim Anblick der Pagode an die beliebten Ninjago-Filme denken.

An diesem wundervollen Ort zwischen Buchen, Eichen und Kiefern haben sich Eichhörnchen niedergelassen, die tagsüber an den alten Bäumen auf und ab flitzen – manch eines ist sogar zutraulich und kommt ganz nah heran. Ein Spaziergang durch das einzigartige chinesische Dorf, das 1781 unter Landgraf Friedrich II. erbaut und unter Wilhelm IX. erweitert wurde, ist mal etwas ganz anderes und zu jeder Jahreszeit zu empfehlen. Eine Reise in exotische Gefilde mitten im Bergpark Wilhelmshöhe.

Adresse Mulangstraße, 34131 Kassel-Bad Wilhelmshöhe // **ÖPNV** Tram 1, 8, Haltestelle Kurhessen-Therme // **Anfahrt** B 251, über Rasen- und Tulpenallee auf die L 3217/Wilhelmshöher Allee, in die Mulangstraße abbiegen, kostenlose Parkplätze vorhanden // **Öffnungszeiten** ganzjährig zugänglich // ab 3 Jahre

TIPP: In der Kurhausstraße 28 befindet sich »Ma Petite Patisserie«. Hier gibt es die besten Gebäckstücke, Kuchen und Pralinen der Stadt.

42_DAS FLIEGENDE FAHRRAD

Traut sich garantiert nicht jeder

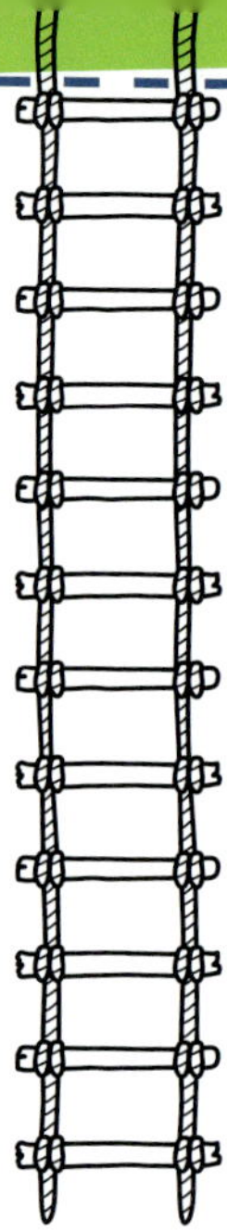

»Huch, Vorsicht! Da kommt ein Fahrrad angeflogen.« Solche Rufe hört man nicht selten im Habichtswald. Das fliegende blaue Fahrrad ist jedoch keine Illusion, sondern eines von 86 Elementen, die auf acht verschiedene Parcours im Kletterwald am Hohen Gras verteilt sind.

An den unterschiedlichen Parcours, die in die Schwierigkeitsstufen »sehr leicht« bis »sehr schwer« unterteilt sind, können sich Kinder und Erwachsene versuchen. Es geht über zitternde Seile, schwingende Hängebrücken und wacklige Baumstämme immer an den Baumwipfeln entlang. Wer mag, kann mit einer Seilrutsche in Richtung Boden sausen. Für Kinder ist der Ritterparcours ideal, da er mit einem umlaufenden und besonders kinder- und anfängerfreundlichen Sicherungssystem ausgestattet ist. Zudem hat der Parcours mit seinen sechs Stationen eine gute Länge. Wer noch eine zusätzliche Steigerung möchte und Gefallen am Klettern gefunden hat, der kann beim grünen Parcours sein Können unter Beweis stellen.

Sicherheit steht im Kletterpark neben dem Spaß an allererster Stelle, denn bevor mit dem Klettern begonnen werden darf, gibt es eine Sicherheitseinweisung. Erst wenn alle Gurte richtig sitzen und festgezogen sind, wird der Karabiner eingehakt, und der Kletterspaß kann beginnen. Für Kinder ist das Klettern im Wald ein Heidenspaß!

Adresse Kletterwald Kassel, Hohes Gras, 34131 Kassel-Bad Wilhelmshöhe // **ÖPNV** Tram 4 bis Endhaltestelle Druseltal, von dort weiter mit Bus 22 bis Haltestelle Essigberg oder Hohes Gras // **Anfahrt** A44, Abfahrt Zierenberg, B 251, Abfahrt L 3298/Kohlenstraße, weiter in Richtung Kassel und in die Straße »Hohes Gras« abbiegen // **Öffnungszeiten** Anfang April–Okt. je nach Witterung, Infos unter www.kletterwald-kassel.de // ab einer Körpergröße von 1 Meter

111 Dinge über Katzen die man wissen muss
Holger und Roland Grumt Suárez
111 Dinge über Affen die man wissen muss
Pierre Thomas
111 Schweizer Weine die man getrunken haben muss
Sandra Honigs
Beate Pelzer | Marc Messing
111 Amphibien die täglich unsere Welt verbessern
emons:
Entdecken fängt zu Hause an
Jens Dreisbach
111 Gins die man getrunken haben muss
Jens Dreisbach
111 Cocktails die man getrunken haben muss
Thomas Fuchs
111 Deutsche Biere die man getrunken haben muss
Bernd Imgrund
111 Whiskys die man getrunken haben muss
Carsten Henn
111 Deutsche Weine die man getrunken haben muss
Neuauflage
Martin Droschke
111 Biere aus Altbayern und Bayerisch-Schwaben die man getrunken haben muss

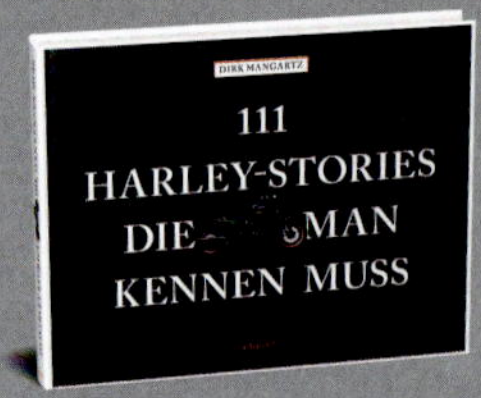

ISBN 978-3-7408-0939-3
€ D 25,00/€ A 25,70

ISBN 978-3-7408-0680-4
€ D 25,00/€ A 25,70

111 MAL ON THE ROAD

ISBN 978-3-95451-912-5
€ D 25,00/€ A 25,70

ISBN 978-3-7408-1442-7
€ D 30,00/€ A 30,90

ISBN 978-3-95451-912-5
€ D 25,00/€ A 25,70

ISBN 978-3-7408-0938-6
€ D 25,00/€ A 25,70

TIPP: Im Winter hat der Kletterwald zwar geschlossen, dann verwandelt sich die Gegend rund um das Hohe Gras zu einem Winterwunderland und lädt zum Rodeln und Skifahren ein.

43_DAS HECKENLABYRINTH

Irgendwann kommt jeder wieder raus

»Nanu, was ist das denn?« Kinder begreifen meist erst auf den zweiten Blick, was es mit dem Labyrinth aus Hecken auf sich hat. Aber wenn sie dann realisiert haben, dass sie hier durch die vielen Gänge flitzen dürfen und immer wieder in der Mitte rauskommen, sind sie nicht mehr zu halten. Sie laufen stundenlang durch die Gänge, spielen begeistert Fangen oder Verstecken.

Diesen faszinierenden Ort entdeckt man tatsächlich erst bei genauerem Hinsehen, wenn man einen Spaziergang im Bergpark Wilhelmshöhe direkt neben der Löwenburg unternimmt. Keine Angst, Verirren ist nicht möglich. Am Ziel, also in der Mitte des Labyrinths, angekommen, steht ein kleiner Springbrunnen. Da Kinder seit jeher magisch von Wasser angezogen werden, ist dies ein idealer Treffpunkt, die Kinder wieder einzusammeln. Am Brunnen kühlen sich die Kleinen kurz die Hände und Füße ab, bevor es zur nächsten Flitzrunde durch das Labyrinth weitergeht.

Während die Kinder spielen, können sich die Eltern auf der nahe gelegenen Parkbank ausruhen und bei einem Gespräch den phantastischen Ausblick über den Bergpark bis hin zur Stadt genießen. Wenn die Kinder dann ausgepowert sind, kann man die Gelegenheit nutzen und sich noch die Löwenburg ansehen, ein 1793 erbautes Lustschloss, in der eine Rüstkammer und eine Burgkapelle untergebracht sind.

TIPP: In der Wolfhager Straße 179 befindet sich der Kultimbiss Hans-Wurst mit der besten Berliner Currywurst in der Region (Mo–Sa 10.30–20.30 Uhr).

Adresse Bergpark Wilhelmshöhe, 34131 Kassel-Bad Wilhelmshöhe // **Anfahrt** von der L 3217 die Parkplätze am Herkules (Zufahrt über Ehlener Straße) oder den Parkplatz Wilhelmshöhe anfahren // **Öffnungszeiten** jederzeit // ab 3 Jahre; nicht kinderwagentauglich

KASSEL-BAD WILHELMSHÖHE

44_DER HESSENCOURRIER

Mit der Dampflokomotive durch Nordhessen

Kinder lieben Zugfahren. Auf der Strecke von Kassel nach Naumburg kann man an ausgewählten Tagen im Jahr eine Zugfahrt der besonderen Art unternehmen. Der Verein Hessencourrier e.V. bietet Fahrten mit einer historischen Diesellok oder einer ölgefeuerten Dampflokomotive aus dem Jahr 1952 und den über 100 Jahre alten Reisezugwagen durch die Heimat der Brüder Grimm an. Da kommen nicht nur Kinder, sondern auch Eltern und Großeltern nicht mehr aus dem Staunen heraus.

Ein besonderes Erlebnis ist die Teddybärenfahrt, denn auf dieser bekommt jedes Kind einen Hessencourrier-Teddy geschenkt. Während der Nikolausfahrt, die traditionell am ersten Wochenende im Dezember durch das winterliche Nordhessen stattfindet, halten die Kinder gespannt Ausschau nach dem Nikolaus. Etwas Magisches liegt in der Luft, und dann passiert es: »Da ist er, der Nikolaus! Und er hat einen wunderschönen Engel dabei!«, hört man die Kinder durch die Wagen rufen. Die alte Dampflokomotive legt tatsächlich eine Bremsung ein, und der Nikolaus steigt mit dem Engel dazu, um kleine Geschenke an die Kinder zu verteilen. Wer möchte, kann in Bad Emstal oder Naumburg aussteigen und über die dortigen Weihnachtsmärkte schlendern. Auf der Rückfahrt nach Kassel wärmt man sich im beheizten Dampfzug dann wieder auf.

Eine Fahrt mit dem Hessencourrier ist zu jeder Jahreszeit ein wunderschönes und unvergessliches Erlebnis für die ganze Familie.

Adresse Hessencourrier e.V., Johanna-Waescher-Straße 9, 34131 Kassel-Bad Wilhelmshöhe // **ÖPNV** Tram 3, 7, Bus 51, 53, Haltestelle Hasselweg oder Marbachshöhe // **Anfahrt** von der Druseltalstraße über die Eugen-Richter-Straße in die Johanna-Waescher-Straße // **Öffnungszeiten** Termine und Infos unter www.hessencourrier.de; Fahrkarten im Zug erwerbbar, Reservierung empfohlen // ab 3 Jahre

TIPP: Am Rand des Kurparks von Bad Emstal befindet sich ein toller Wasserspielplatz.

45_DIE ICE-RAMPE

Der beste Ort zum Trainspotting

Kinder lieben Müllautos, Flugzeuge, Einsatzfahrzeuge und Züge. Kleine Kinderherzen schlagen daher auf der ICE-Rampe am Bahnhof Wilhelmshöhe besonders hoch. Von dort hat man einen tollen Blick auf die Bahngleise, man kann von oben auf die Züge schauen und beobachten, was unten passiert. Das Kribbeln im Bauch wird stärker, und das Strahlen in den Kinderaugen beginnt, wenn die Ansagen aus dem Lautsprecher dröhnen.

Bald saust auch schon der erste Intercity-Express heran und kommt zum Stehen. Die Türen öffnen sich, und eine bunte Menschenmenge steigt aus. Manche haben große Reisekoffer dabei, andere nur eine Aktentasche unter dem Arm. Nun können die Wartenden in den Zug einsteigen. Die Türen schließen sich, ein schriller Pfiff aus der Pfeife des Zugbegleiters ertönt, und schon setzt sich der Zug wieder in Bewegung.

Ein aufregendes Schauspiel für Kinder, die zum Abschied den Passagieren zuwinken und sich sehr freuen, wenn zurückgewunken wird. Hier könnten sie stundenlang stehen und dem Geschehen unten am Gleis zuschauen. Sehr interessant sind auch die großen Tafeln, die anzeigen, wohin und zu welcher Uhrzeit die Züge fahren. Da bekommt man gleich Fernweh und würde am liebsten selbst einsteigen! Täglich steigen hier am Bahnhof Wilhelmshöhe, dem bedeutendsten Bahnhof in Nordhessen, Tausende Menschen ein, aus oder um.

TIPP: Zum Preis von 36 Euro kann eine Familie mit bis zu fünf Personen (drei Kinder unter sechs Jahren können sogar kostenlos mitfahren) an einem Tag ihrer Wahl mit dem Zug einmal quer durch Hessen fahren. Für Kinder ein unvergessliches Erlebnis!

Adresse Bahnhof Kassel-Wilhelmshöhe, Willy-Brandt-Platz 1, 34131 Kassel-Bad Wilhelmshöhe // **ÖPNV** Haltestelle Bahnhof Kassel-Wilhelmshöhe // **Anfahrt** B 3, über die Fünffensterstraße in die Wilhelmshöher Allee und bis zum Bahnhof fahren, kostenpflichtige Parkplätze hinter dem Bahnhof // **Öffnungszeiten** jederzeit // ab 3 Jahre

46_DIE KLEINEN WASSERFÄLLE

Niagarafälle in Miniatur

Kinder sind ganz begeistert von den vielen kleinen Wasserfällen, die sie bei einem Spaziergang durch den Bergpark Wilhelmshöhe entdecken. Versteckt hinter Bäumen und abgelegenen Wegen ist hier so manches Schauspiel zu sehen. Oftmals bleibt sogar den Erwachsenen der Mund offen stehen, so beeindruckend ist der Anblick.

Um die schönsten Wasserfälle des Parks nicht zu verpassen, wählt man am besten den Parkplatz unterhalb des Schlosses und läuft in Richtung Herkules, des stärksten Mannes der Stadt. Bereits nach wenigen Metern zeigt sich der erste Wasserfall neben dem Wegesrand. Sobald die Kinder diesen erspäht haben, kommen sie aus dem Staunen nicht mehr heraus, und sie könnten ewig dabei zuschauen, wie das Wasser über die Steinwände hinunter in die kleinen Teiche und Bachläufe peitscht. An manchen Stellen gelingt es sogar, in das Wasser zu fassen und sich abzukühlen, wenn es sehr heiß ist.

Sehr gern setzen Kinder auch kleine Gras- oder Blattbötchen auf das Wasser und beobachten dann, wie diese die Wasserfälle hinuntergetrieben werden. Nicht selten kostet es die Eltern einige Mühe, die Kinder zum Weitergehen zu bewegen, denn schließlich wollen auch die vielen weiteren kleinen Wasserfälle sowie die Enten, Schwäne, Libellen und Schmetterlinge, die sich hier im Park angesiedelt haben, besucht werden. Ein wundervoller Ort, der zu jeder Jahreszeit sehenswert ist.

Adresse Bergpark Wilhelmshöhe, 34131 Kassel-Bad Wilhelmshöhe // **ÖPNV** Tram 1, Haltestelle Bad Wilhelmshöhe-Park // **Anfahrt** von der L 3217 den Parkplatz Wilhelmshöhe ansteuern // **Öffnungszeiten** jederzeit // ab 3 Jahre; nicht kinderwagentauglich

TIPP: Eine große, bunt gekachelte Drachenrutsche steht in der Ludwig-Erhard-Straße 21 vor der Zirkushalle. Ein Riesenspaß für Kinder!

47_DER MITMACH-ZIRKUS

Kleine Artisten in der Manege

»Hier wachsen Träume in den Himmel«, ist in großen Buchstaben an der gelb gestrichenen Halle auf der Marbachshöhe in Kassel zu lesen. Wo einst eine Militärhalle stand, befindet sich seit 2001 das »Kinder-Circushaus Rambazotti«. Seither proben bis zu 140 Kinder in verschiedenen Altersstufen an fünf Tagen in der Woche in den Bereichen Akrobatik, Clown, Einrad, Feuer, Jonglage, Tanz und Trapez. Trainiert werden sie von einem erfahrenen Team.

Das Erlernte präsentieren die Kinder und Jugendlichen in regelmäßigen Vorführungen und Shows. Das Highlight ist die jährliche Gala. Der Kinder- und Jugendzirkus, der sich rein aus Eintrittsgeldern und Spenden finanziert, ist eine wahre Bereicherung für Familien. Er fördert die Kinder und bietet immer wieder tolle, abwechslungsreiche Ferienbeschäftigungen an. Ein Blick auf die Homepage, die regelmäßig mit neuen Workshops und Kursen aktualisiert wird, lohnt sich.

Jedes Kind, das mal Zirkusluft schnuppern möchte, ist bei den Rambazottis herzlich eingeladen und darf an einer Probestunde teilnehmen. Es werden viele Bewegungsspiele gespielt, damit sich die Kinder untereinander schnell kennenlernen. Wem es im Kinder-Cirushaus gefallen hat, der darf anschließend gern in einer der Nachwuchsgruppen trainieren und sich den Wunsch erfüllen, einmal selbst vor Publikum in der Manege zu stehen.

Adresse Internationaler Kinder- und Jugendcircus Rambazotti gem. e.V., Ludwig-Erhard-Straße 21, 34131 Kassel-Bad Wilhelmshöhe // ÖPNV Tram 3, 7, Haltestelle Marbachshöhe // Anfahrt von der Druseltalstraße über die Eugen-Richter-Straße in die Ludwig-Erhard-Straße // Öffnungszeiten Termine und Infos unter Tel. 0561/44440 oder www.rambazotti.de // ab 4 Jahre

TIPP: Von Mai bis Oktober finden mittwochs und sonntags ab 14.30 Uhr im Bergpark die Wasserspiele statt. Dieses Spektakel beginnt unterhalb des Herkules und ist sehr sehenswert.

48_DER WASSERKANAL

Folge dem Wasser

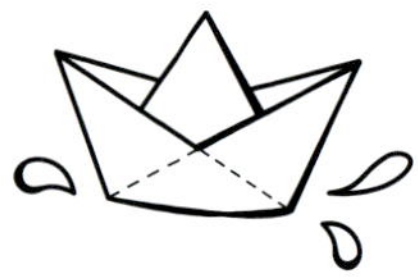

Es soll ja Kinder geben, die nicht gern spazieren gehen oder wandern. Im Kasseler Stadtteil Bad Wilhelmshöhe startet ein Waldweg, der sogar Wandermuffel zum Laufen animiert. Schon nach einigen Metern ist ein beeindruckender Wasserkanal zu sehen, der direkt am Weg entlangführt. Kinder marschieren hier quasi von allein, halten Stöckchen in das Wasser und setzen kleine Boote aus Grashalmen oder Blättern ins Wasser.

Auf dem Weg steht eine Bank der schönen Momente. Man sollte sich hinsetzen und versuchen, zumindest für ein paar Minuten die wunderschöne Umgebung in sich aufzusaugen. Mit Kindern leichter gesagt als getan, aber vielleicht hilft ja ein kleiner Snack, der aus der Tasche gezaubert wird. Wohin führt der Kanal eigentlich? Folgt man dem Kanal Aschgraben, erreicht man nach ungefähr 1,5 Kilometern einen idyllisch gelegenen Waldsee. Der sogenannte Asch wurde 1785 als künstliches Wasserreservoir angelegt und wird aus der Zeche Herkules sowie einem Bach gespeist. Heute wird das Wasser des Sees für die Wasserspiele im Bergpark verwendet.

Der Weg und der Ort am See sind zu jeder Jahreszeit ein wunderschönes Ausflugsziel. Kinder können im Frühjahr den Blumen und Bäumen beim Sprießen zusehen und im Sommer verschiedene Vögel, Käfer und Pilzsorten beobachten. Im Herbst laden Naturmaterialien wie Kastanien, Eicheln und buntes Laub zum Sammeln ein. Und in der kalten Jahreszeit verwandelt sich die Gegend in eine beeindruckende Winterlandschaft.

TIPP: In der »Nachfüllbar«, dem Unverpacktladen in der Wilhelmshöher Allee 178, gibt es Lebensmittel zum Abfüllen.

Adresse Hüttenbergstraße, 34131 Kassel-Bad Wilhelmshöhe // ÖPNV Bus 4, Haltestelle Druseltal, dann Bus 22 oder 23 bis Haltestelle Neu-Holland // Anfahrt L 3298/Ehlener Straße/ Druseltalstraße, in die Hüttenbergstraße abbiegen und entlang der Straße parken, von dort nur wenige Meter bis zum Startpunkt des Kanals // Öffnungszeiten jederzeit // ab 3 Jahre

KASSEL-HARLESHAUSEN

49_DAS BLUMENFELD

Der Outdoor-Blumenladen

»Wow, wie schön bunt!«, hört man Kinder nicht selten von der Rücksitzbank rufen, wenn man an dem riesigen Blumenfeld vorbeifährt. Blumen erfreuen das Herz, egal, ob jung oder alt. Zudem bringen sie Farbe ins Haus und sorgen für eine fröhliche Stimmung. Umso schöner ist es, wenn die Blumen eigenhändig geschnitten und zu einem kleinen Sträußchen zusammengesteckt werden. Also beim nächsten Mal einfach anhalten!

Eines der vielfältigsten Blumenfelder der Region liegt direkt hinter dem Kasseler Stadtteil Harleshausen in Richtung Rasenallee. Hier blühen neben Sonnenblumen auch Gladiolen und Dahlien in den unterschiedlichsten Farben. Für Kinder ist der Besuch auf diesem wunderbar am Waldrand gelegenen Feld ein abwechslungsreiches Abenteuer, und es zaubert ein Gefühl von Glück hervor, wenn sie mit einer Schere in der Hand von Blume zu Blume laufen und diese vorsichtig ganz allein abschneiden dürfen.

Die Bezahlung der Blumen erfolgt auf Vertrauensbasis. Man legt das Geld einfach in die Box am Eingang des Feldes. Mit einem frischen Blumensträußen in der Hand können die Kids anschließend der Oma oder einer anderen lieben Person eine Freude bereiten. Oder aber man stellt das selbst gepflückte Sträußchen im Kinderzimmer auf. Dabei lernen die Kinder auch gleich, wie man sich um Blumen kümmert, denn sie benötigen täglich frisches Wasser.

TIPP: Im Backhaus Streiter sollte man sich ein leckeres Gebäckstück mitnehmen, das man dann zu Hause beim Anblick der gepflückten bunten Blumen genießen kann.

Adresse Wolfhager Straße, 34128 Kassel-Harleshausen // **Anfahrt** B 251, am Freibad Harleshausen vorbei in Richtung Rasenallee, Blumenfeld auf der rechten Seite // **Öffnungszeiten** im Sommer jederzeit // ab 2 Jahre

50_DER WALD-ERLEBNISPFAD

Raus aus der Stadt und rein in den Wald

Bunt angemalte Bäume, wohin man schaut, ein Hirsch, der einen aus den Tiefen des Waldes anblickt, und ein großes Xylophon aus Naturmaterialien. Hier kann man richtig Krach machen und mit den Stöcken auf das große hölzerne Xylophon schlagen.

Versteckt zwischen den bis zu 250 Jahre alten Buchen gibt es auf dem Walderlebnispfad in Kirchditmold viel zu entdecken. Die Musikstation regt dazu an, den Tönen zu lauschen und die Geräusche des Waldes wahrzunehmen. Die Waldkunststation öffnet den Wald für die Sinne. Tiere sind zum Greifen nah. Hier gibt es viel zum Ausprobieren und Staunen. Rund um die Uhr darf das Gelände auf eigene Faust erkundet werden. Ein wunderbarer Ort, an dem die Kinder mal so richtig laut sein dürfen.

An den insgesamt acht Stationen, die an dem Rundweg liegen, lernen Kinder und Erwachsene so einiges über den Wald und über Nachhaltigkeit in der Forstwirtschaft. Der Start des insgesamt zwei Kilometer langen Walderlebnispfades beginnt an der Hessenschanze nahe der Straßenbahn-Endhaltestelle und führt überwiegend über Waldwege. Im Jahr 2013 wurde der Pfad nach einem modernen waldpädagogischen Konzept von HessenForst und Naturpark Habichtswald gestaltet. Der Walderlebnispfad bietet ein Naturerlebnis für alle Sinne und ist zu jeder Jahreszeit ein tolles Ausflugsziel für die ganze Familie.

TIPP: Ganz in der Nähe befindet sich das Waldcafé Hessenschanze. Dort gibt es köstliche Waffeln mit heißen Kirschen und tolle Eisbecher.

Adresse Schanzenstraße, 34130 Kassel-Kirchditmold // **ÖPNV** Tram 8, Haltestelle Hessenschanze // **Anfahrt** B 251, Harleshäuser Straße, dann in die Schanzenstraße und dieser bis zum Ende folgen // **Öffnungszeiten** jederzeit // ab 3 Jahre

Walderlebnispfad Hessenschanz

51_DAS WASSER DER PRINZEN

Ein Ort der vielen Möglichkeiten

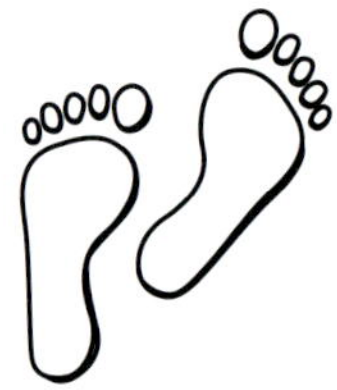

Kinder lieben es, mit Wasser zu spielen und kleine Staudämme zu bauen. Nahe der Ochsenallee in Kirchditmold befindet sich die Prinzenquelle mit einer restaurierten Kneipp-Anlage. Hier können die Kinder sehen, wie das Wasser aus der Quelle bis in die Kneipp-Anlage und weiter in den Bach fließt. In den Sommermonaten kann man sich hier nach einer Wanderung im Habichtswald hervorragend erfrischen und ein Picknick einlegen. Besonders faszinierend: Das klare und saubere Wasser hat immer eine konstante Temperatur von sieben Grad.

Während es sich die Eltern nach dem Wassertreten auf der Bank gemütlich machen und den phantastischen Ausblick auf die Löwenburg sowie den Herkules genießen, pritscheln die Kinder oder flitzen über die nahe gelegene Wiese und beobachten Schmetterlinge, Libellen und Käfer. Ein herrlich idyllischer Ort.

Erzählungen zufolge haben junge Prinzen hier schon früher nach der Jagd Rast gemacht, um ihre Pferde zu tränken. Daher stammt auch der Name. Fakt ist allerdings, dass das Wasser der Prinzenquelle die Stadt Kassel jahrhundertelang mit frischem Trinkwasser versorgt hat. Erst als Ende des 19. Jahrhunderts das Quellgebiet der Nieste erschlossen wurde, geriet die Prinzenwasserleitung in Vergessenheit. Durch den Kneipp-Verein Kassel e.V., der die Anlage betreibt und instand hält, wurde dieser Ort wieder zum Leben erweckt und ist nun ein Platz der Begegnung für Wanderer und Familien.

TIPP: An der Hessenschanze befindet sich ein toller Abenteuerspielplatz, auf dem sich die Kinder so richtig austoben können, bevor es nach Hause geht.

Adresse Wassertretanlage Prinzenquelle, 34131 Kassel-Kirchditmold // **ÖPNV** Tram 8, Haltestelle Prinzenquelle // **Anfahrt** B 251, Harleshäuser Straße, dann in die Schanzenstraße, Parkmöglichkeiten in der Ochsenallee // **Öffnungszeiten** 1. Mai – 2. Okt. täglich // ab 3 Jahre

52_DER ANNA-MARKT

Naschen auf dem grünen Feierabendmarkt

Jeden Donnerstag findet von 15 bis 20 Uhr ein grüner Feierabendmarkt mit regionalen Produkten in Kassels bekannter Friedrich-Ebert-Straße statt. Käse, Wurst und Fisch sowie Pflanzen und einzigartige Artikel, die in liebevoller Handarbeit entstanden sind, werden hier an den Marktständen angeboten.

Die Stimmung auf dem Markt ist toll. Es scheint, als ob hier jeder jeden kennen würde, und so kommt man oftmals mit dem ein oder anderen Einkäufer ins Gespräch. Und auch für Kinder ist der Marktbesuch etwas ganz Besonderes, denn die Atmosphäre und die Auswahl an frischen Produkten sind nicht vergleichbar mit einem Gang durch den Supermarkt. An manchen Ständen dürfen die Kinder die frischen Produkte sogar probieren oder den Kunsthandwerkern bei ihrer Arbeit über die Schulter schauen. Spannend zu sehen, wie beispielsweise ein Korb geflochten wird.

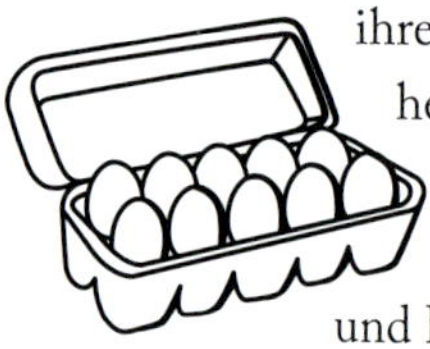

Die rot leuchtende Sitzgelegenheit, die sich um den Anna-Markt schlängelt, lädt zum Balancieren und Runterhüpfen ein. Etwas größere Kinder können aber auch auf dem angrenzenden Spielplatz spielen, während Mama und Papa auf dem Markt einkaufen. Die Kinder freuen sich jede Woche auf den Besuch auf dem Anna-Markt, der sich wie ein richtiger Ausflug anfühlt. Und ganz nebenbei lernen sie, warum der Kauf von Bio-Lebensmitteln viel nachhaltiger für uns und unsere Umwelt ist.

TIPP: Fünf Minuten vom Markt entfernt, in der Friedrich-Ebert-Straße 59, liegt der Secondhandladen »Second Sale«. Mit etwas Glück findet man dort gut erhaltene Bücher und Spielwaren zum kleinen Preis.

Adresse Friedrich-Ebert-Straße 65–71, 34119 Kassel-Mitte // ÖPNV Tram 3, 4, 7, 8, Haltestelle Annastraße // Anfahrt B 3/Frankfurter Straße, über die Fünffensterstraße in die Friedrich-Ebert-Straße // Öffnungszeiten Do 15–20 Uhr // ab 4 Jahre

53_DER BLAUE TÄNZER

Der Seiltanz über der Fulda

Bei einem Abendspaziergang am Fuldaufer bleiben Kinder fasziniert stehen und schauen gebannt zum Drahtseilakrobaten nach oben. Doch kein Grund zur Sorge. Bei genauem Hinsehen fällt auf, dass es sich dabei nicht um einen Menschen handelt, der mit einem blauen Lichtstab in den Händen auf einem Seil über der Fulda tanzt, sondern um eine Lichtskulptur.

Die Skulptur mit dem englischen Namen »Blue Dancer« wurde vom japanischen Künstler Kazuo Katase im Jahr 2003 über die Fulda gespannt. So verband der Künstler den ältesten Teil Kassels mit der nach dem Krieg wieder aufgebauten Unterneustadt. Das Kunstwerk besteht aus einem 100 Meter langen Drahtseil sowie einer blau beleuchteten Querstange mit zwei unterhalb des Seils befindlichen eimerförmigen Gebilden, die als Gegengewichte dienen.

Spaziergänger legen hier am Fuldaufer in der Nähe der Walter-Lübcke-Brücke gern eine Pause ein, um dem blauen Tänzer zuzuschauen, wie er über die Fulda tanzt. Besonders schön ist die Betrachtung in der Dämmerung, wenn der Leuchtstab mit seinem kräftigen Blau immer mehr in den Vordergrund tritt. Dann sieht es nämlich tatsächlich so aus, als ob ein Mensch auf dem Drahtseil über die Fulda spazieren würde. Ein wahres Schauspiel und ein wunderschöner Anblick, den man am besten von den Sitzplätzen auf der Brücke aus genießt. Hier kann der Tag in toller Atmosphäre und entspannter Umgebung ausklingen.

TIPP: In der Weserstraße befindet sich der Imbiss »Zum glücklichen Bergschweinchen«. Hier gibt es leckeren veganen Döner, der liebevoll »Vöner« getauft wurde.

Adresse Die Schlagd, 34123 Kassel-Mitte // **ÖPNV** Tram 3, 4, 6, 7, 8, Bus 10, 16, 17, 32, 37, 38, Haltestelle Altmarkt // **Anfahrt** B 3 / Weserstraße, über Kettengasse zum Parkplatz in »Die Schlagd« // **Öffnungszeiten** jederzeit // für jedes Alter

54_DIE ELEFANTENRÜSSEL

Nimm lieber Abstand, sonst wirst du nass

Elefantenrüssel mitten in der Stadt? Und wo sind die Elefanten hin? In Wirklichkeit handelt es sich hier um eine kreisförmig angeordnete Gruppe von Wasserspeiern, die auf dem Königsplatz steht und einen springbrunnenartigen Charakter vermittelt. Mit etwas Phantasie kann man in den Wasserspeiern Elefantenrüssel sehen.

Kinder lieben die Wasserspiele auf dem Königsplatz und werden bei einem Spaziergang durch die Fußgängerzone geradezu magisch von ihnen angezogen. Sie laufen geduckt unter den Wasserstrahlen hindurch, im Slalom um die Elefantenrüssel herum oder testen mit ihren Fingerchen die Wassertemperatur. Im Sommer bietet das Wasser den Passanten der Innenstadt eine erfrischende Abkühlung und ist optimal geeignet, um klebrige Eishände abzuspülen. Manches Mal passiert es dabei dann doch, und die Kinder werden von Kopf bis Fuß nass. Dann gibt es kein Halten mehr, und sie hüpfen freudestrahlend von einem Wasserstrahl zum nächsten.

Während die Kinder planschen, genießen die Eltern den Anblick von einem der angrenzenden Cafés oder der Eisdiele aus. Besonders schön ist es hier in den Abendstunden, wenn das Elefantenklo in unterschiedlichen Farben angeleuchtet wird und eine ganz besondere Stimmung auf den zentralen Stadtplatz zaubert. An den Wochenenden und zu bestimmten Feiertagen finden in der Mitte der Wasser spuckenden Elefantenrüssel oft besondere Events statt.

Adresse Wasserspeier, Königsplatz, 34117 Kassel-Mitte // **ÖPNV** Tram 1, 3, 4, 5, 6, 7, 8, Bus 1, 6, Haltestelle Königsplatz // **Anfahrt** Parkplätze in den umliegenden Parkhäusern, Parkleitsystem ab B 3 beachten // **Öffnungszeiten** jederzeit // ab 2 Jahre

TIPP: Kinder lieben es, Rolltreppen zu benutzen. Im nahe gelegenen Citypoint gibt es ein wahres Rolltreppenlabyrinth. Im Erdgeschoss kann man – auf die jeweilige Jahreszeit abgestimmt – eine dekorierte Themenlandschaft bestaunen.

55_DAS ICH-DENKMAL

Hier bist du der Star

»Jeder Mensch ist einzigartig. Das gilt natürlich auch für alle Tiere. Halten Sie es fest für immer. Hier.« Neben der Tafel, auf der das zu lesen ist, steht ein Sockel aus rotem Sandstein mit der goldenen Aufschrift »ICH«. Beim ICH-Denkmal handelt es sich nicht um ein noch nicht fertiggestelltes oder defektes Kunstwerk, sondern um Komische Kunst. Der Schöpfer ist der Cartoonist Hans Traxler.

Seit der Ausstellung Caricatura im Jahr 2007 steht das ICH-Denkmal auf dem Brüder-Grimm-Platz und wird für manch einen erst beim zweiten Blick interessant. Nämlich dann, wenn er sich das Denkmal aus nächster Nähe anschaut und die Aufforderung zum Betreten des Sockels ernst nimmt. Kinder wissen hingegen sofort, was hier zu tun ist. Über die kleine Treppe hinter dem Sockel steigen sie erhobenen Hauptes auf das Denkmal hinauf und stellen sich in Pose. Genau das ist auch der Sinn: einmal auf das Denkmal steigen und der Star sein.

Hier können tolle Schnappschüsse und Erinnerungsbilder gemacht werden, jedes ist einzigartig – genauso wie derjenige, der auf dem Sockel steht. Kinder kommen auf die kreativsten Ideen, wie man auf dem Denkmal zu posieren hat, mal elegant wie eine Dame, mal cool und lässig, aber man darf natürlich auch mal Faxen machen. Die kleinsten Besucher haben hier sichtlich den meisten Spaß und fordern die Eltern dazu auf, ein Bild nach dem anderen von ihnen zu machen.

Adresse Brüder-Grimm-Platz, 34117 Kassel-Mitte // **ÖPNV** Tram 1, 3, 4, 5, 6, 8, Haltestelle Rathaus; Bus 25, 500, Haltestelle Fünffensterstraße // **Anfahrt** B 3/Frankfurter Straße, über die Fünffensterstraße in die Wilhelmshöher Allee // **Öffnungszeiten** immer zugänglich // ab 3 Jahre

TIPP: Nur eine Straße weiter befindet sich das Ballon-Fachgeschäft »Ballonist.de«. Hier gibt es eine große Auswahl an Ballons für jede Art von Fest.

56_KUNST AUS DEM AUTOMATEN

Da staunen Groß und Klein

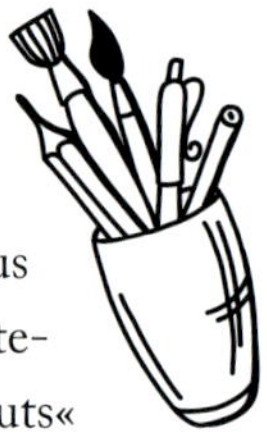

Oftmals bleiben nicht nur Kinder verdutzt vor dem Haus in der Friedrich-Ebert-Straße mit der Nummer 149 stehen. Ein großer Automat mit der Aufschrift »Mannaputs« ziert die Hauswand. Mannaputs? Es handelt sich hierbei um einen Kunstautomaten, in dem sich vier mal vier Zentimeter große Kunstmagnete mit 43 verschiedenen Motiven befinden. Geschaffen wurden die bunten Mannaputs von der Künstlerin Nora von der Decken.

Nora von der Decken malt seit 2006 Kunstwerke in der Größe acht mal acht Zentimeter, die alle zu einem großen Kunstwerk gehören. Jedes Kunstwerk gibt es nur ein einziges Mal, es wird sogar mit einem eigenen Namen wie beispielsweise »Bonni« oder »Sten« sowie einer fortlaufenden Nummer versehen. Auf die Rückseite kommt neben einem selbst klebenden Halter ein Zettelchen in deutscher und englischer Sprache, welches das jeweilige Kunstwerk vorstellt und verrät, was mit ihm geschehen soll. Denn die kleinen Mannaputs werden in der ganzen Welt ausgesetzt und jeder, der ein Mannaput findet, darf es mit nach Hause nehmen.

Im Laufe der vergangenen Jahre sind schon über 1.000 Mannaputs in 47 Ländern ausgesetzt worden, und es werden noch viele weitere folgen, denn die Künstlerin wird so lange weitermalen, wie sie kann. Kinder staunen nicht schlecht bei der Geschichte um die bunten Kunstwerke und freuen sich, wenn sie ihr eigenes Magnet-Mannaput am Automaten ziehen dürfen.

Adresse Friedrich-Ebert-Straße 149, 34119 Kassel-Mitte // **ÖPNV** Tram 3, 4, 8, Bus 13, Haltestelle Bebelplatz // **Anfahrt** B 3/Frankfurter Straße, über die Fünffensterstraße in die Friedrich-Ebert-Straße, dieser bis zum Bebelplatz folgen // **Öffnungszeiten** jederzeit zugänglich // ab 5 Jahre

TIPP: Nur zehn Minuten entfernt liegt etwas versteckt der Stadthallengarten mit seiner gepflegten Parkanlage. Hier können Kinder die unterschiedlichsten Blumen und viele Insektenarten kennenlernen.

57_DAS LEBKUCHENHAUS

Knusper, knusper, knäuschen

So ziemlich jedes Kind kennt das Märchen von Hänsel und Gretel, die von ihrem Vater in den Wald gebracht wurden und völlig allein umherirren. Plötzlich taucht vor ihnen ein mit Süßigkeiten verziertes Lebkuchenhaus auf, das auch noch mit ihnen zu sprechen beginnt. »Knusper, knusper, knäuschen, wer knuspert an meinem Häuschen?«, heißt es in dem Märchen der Brüder Grimm.

In der Grimmwelt hoch oben auf dem Weinberg können mutige Kinder in das bunte Lebkuchenhaus eintreten und sich die vielen Süßigkeiten, aber auch die Hexe aus nächster Nähe anschauen. Na, traust du dich? Die Grimmwelt ist dem Leben und Schaffen der Brüder Grimm gewidmet, die einst eine Zeit lang in Kassel lebten und noch heute zu den berühmtesten Märchensammlern zählen. Ihre Märchen reisten um die ganze Welt und wurden in über 170 Sprachen übersetzt. In der Grimmwelt können die Besucher auf einer Fläche von über 1.600 Quadratmetern und an 25 Stationen in das Leben der beiden Brüder eintauchen.

Für Kinder gibt es einige faszinierende Stationen, die für Staunen sorgen. So werden sie in der unteren Etage von einer sprechenden Dornenhecke begrüßt, hinter der ein Zauberspiegel verborgen ist. Bei der Museums-Rallye lernen Kinder auf spielerische Weise viel über das Leben der Brüder und die von ihnen veröffentlichten Märchen. Abschließend bekommt jedes teilnehmende Kind einen kleinen Preis.

TIPP: In den Sommermonaten kann man sich am Fuldaufer wunderbar mit anderen Familien und Kindern zum Picknicken oder Ballspielen verabreden.

Adresse Grimmwelt Kassel, Weinbergstraße 21, 34117 Kassel-Mitte, www.grimmwelt.de // ÖPNV Tram 1, 3, 4, 5, 6, 8, RT 1, RT 4, Haltestelle Rathaus // Anfahrt B 3/Frankfurter Straße, über die Fünffensterstraße in die Wilhelmshöher Allee, von dort in die Weinbergstraße // Öffnungszeiten Di–So 10–18 Uhr, Fr 10–20 Uhr // ab 6 Jahre

58_DIE LINEARUHR

So eine Uhr gibt es nur einmal

Am oberen Ende der Wilhelmsstraße steht seit 1977 eine leuchtende Edelstahlsäule, an der täglich viele Menschen vorbeilaufen, ohne zu wissen, was sie bedeuten soll. Erst durch wissbegierige Kinder kommt hier manch einer zum Stehen, denn das Kunstwerk sieht tatsächlich etwas skurril aus. Aber ist es wirklich ein Kunstwerk?

Der Künstler Peter Hertha konstruierte zwischen drei hohen Edelstahlsäulen, die jeweils um 120 Grad versetzt sind, drei identische senkrechte Reihen von Glühlampen, die im Wechsel aufblinken, und ordnete sie unter Plexiglas an. Es handelt sich hierbei um die Linearuhr, auch Kasseler Uhr genannt. Jede senkrechte doppelreihige Lampenabfolge ist in drei Segmente eingeteilt. Die obere zeigt die Stunden, die mittlere die Minuten und die untere die Sekunden an. Die Reihen müssen getrennt und von oben beginnend abgelesen werden, um die Uhrzeit zu ermitteln. Abgelesen wird die Uhr dann nach dem Prinzip der Digitaluhr. Jede brennende Lampe muss gezählt und der Reihe nach angeordnet werden, um die richtige Uhrzeit zu erfahren.

In Teamarbeit wird das Rätsel schnell gelöst. Sicher ist aber auch: Wer das Prinzip der Linearuhr einmal verstanden hat, wird jedes Mal erneut sein Glück an dieser Stelle versuchen und die richtige Zeit ablesen wollen. Besonders toll zur Geltung kommt die Uhr übrigens mit Beginn der Dunkelheit, dann ist sie nicht mehr zu übersehen.

Adresse Wilhelmsstraße/Ecke Ständeplatz, 34117 Kassel-Mitte // ÖPNV Tram 1, 3, 4, 5, 5, 7, 8, Bus 500, Haltestelle Wilhelmsstraße/Stadtmuseum // Anfahrt B 3/Frankfurter Straße, über die Fünffensterstraße zum Ständeplatz // Öffnungszeiten jederzeit zugänglich // ab 6 Jahre

TIPP: Kinderaugen glänzen bei einem Überraschungsausflug in eines der beiden Kinos, die nur einen Steinwurf entfernt liegen: in der Wilhelmstraße oder am Karlsplatz.

59_DIE TREPPENSTRASSE

Hier fährt garantiert kein Auto

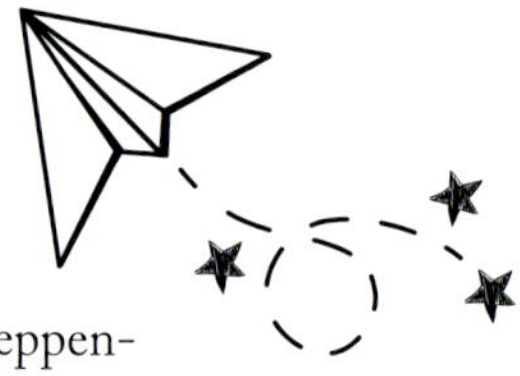

Eine Straße nur aus Treppen? Richtig gehört! In der Kasseler Innenstadt befindet sich die erste Fußgängerzone Deutschlands, die aus sage und schreibe 104 Treppenstufen besteht. Die Treppenstraße wurde nach dem Zweiten Weltkrieg im Stil der 50er Jahre gebaut. Unterteilt wird die Straße von kaskadenartigen Grünflächen, auf denen wunderschöne Blumen und Bäume wachsen, und zwei Springbrunnen, die an warmen Sommertagen zum Abkühlen der Füße und Hände einladen.

Für Kinder sind die vielen Treppenstufen ein wahres Paradies. Sie dürfen hier toben, auf den Stufen hüpfen und Wettrennen veranstalten. Wie viele Treppenstufen können wohl mit einem Sprung überhüpft werden? Wie viele Stufen kann man auf nur einem Bein hochhüpfen? Und wie lange braucht man, um alle Stufen rauf- und wieder runterzuflitzen? Kinder können hier ewig verweilen und sich die kreativsten Spiele einfallen lassen.

Während die Kinder in der Straße, in der niemals ein Auto fahren wird, spielen, können es sich die Erwachsenen auf einer der vielen Sitzmöglichkeiten oder im Außenbereich eines angrenzenden Cafés gemütlich machen. Im Winter findet hier ein besonderes Spektakel statt, denn dann wird auf der Treppenstraße eine 70 Meter lange Eisrutsche gebaut, auf der man in kleinen Filzsäcken im Affenzahn hinunterrutschen kann. Ein großer Spaß für Klein und Groß.

Adresse Treppenstraße (zwischen Scheidemann- und Friedrichsplatz), 34117 Kassel-Mitte // ÖPNV Tram 1, 3, 4, 5, 6, 7, 8, Bus 10, 14, 16, 17, 30, 32, 37, 38, 45, 52, 55, 100, 110, 500, Haltestelle Scheidemannplatz oder Friedrichsplatz // Anfahrt von der B 3 über die Kurt-Schumacher-Straße in die Werner-Hilpert-Straße, Parkplatz in der Schomburgstraße oder im Parkhaus Vaterland // Öffnungszeiten jederzeit zugänglich // ab 3 Jahre

TIPP: Ein Besuch im fünf Gehminuten entfernten Stadtmuseum am Ständeplatz gibt einen interessanten Einblick in die Geschichte Kassels.

60_DER KIDS-PUMPTRACK

Ein wildes Auf und Ab

Im Kasseler Stadtteil Niederzwehren befindet sich auf einer Fläche von etwa 3.000 Quadratmetern ein Dirtpark, der die Herzen aller kleinen und großen Radsportfreunde höher schlagen lässt. Die Radsportanlage gehört der Stadt Kassel und wird von der Jugendförderung sowie dem Team des Dirtpark Kassel betreut und instand gehalten. Die Anlage soll ein Ort des sportlichen, sozialen und kulturellen Austauschs sein. Sie wurde extra so gebaut, dass alle Alters- und Leistungsstufen auf der Anlage ihren Spaß haben.

Für die ganz Kleinen und für Einsteiger steht ein sogenannter Kids-Pumptrack zur Verfügung. Hier können sie sich mit dem Lauf- oder Fahrrad ausprobieren und die Bahn erst einmal kennenlernen. Ein wildes Auf und Ab! Schon nach den ersten Runden in der Anlage ist klar: Das macht unglaublich viel Spaß. Wenn die Kinder mit ihren Fahrzeugen über die kleinen Erdhügelwellen brettern und sich in ersten kleinen Sprüngen versuchen, ist ihnen die Begeisterung förmlich ins Gesicht geschrieben.

Von April bis Oktober kann man jeden Dienstag zwischen 16 und 19 Uhr vor Ort kostenlos Dirtbikes, BMX-Räder und Schutzausrüstung ausleihen. Das ist ideal für Kinder, die schon Erfahrungen im Fahren haben und bereit für den nächsten Schritt sind. Wer sich nicht traut, selbst mal eine Runde auf der Bahn zu drehen, der kann den Profis auf dem großen Pumptrack zuschauen. Einfach genial!

TIPP: Nur zehn Autominuten entfernt findet man die Einkaufspassage DEZ mit einem großen kulinarischen Angebot. Hier kann jeder das schlemmen, worauf er gerade Appetit hat, die Auswahl ist riesig.

Adresse Sophie-Scholl-Straße, 34121 Kassel-Niederzwehren // **Anfahrt** von der B 3 / Frankfurter Straße über die Leuschner Straße in die Sophie-Scholl-Straße abbiegen, Sportplatz mit Parkplätzen am Ende der Straße // **Öffnungszeiten** täglich 8–22 Uhr; bei Regen und Nässe Betreten aus Sicherheitsvorschriften untersagt, Helmpflicht // ab 5 Jahre

61_DAS MÄRCHENVIERTEL

Die Heimat der Märchenerzählerin

Dornröschenpfad, Hänsel-und-Gretel-Weg, Sterntalerweg, Däumling, Rotkäppchenweg – viele Straßennamen im Kasseler Stadtteil Niederzwehren haben einen Bezug zu den Brüdern Grimm und deren Märchenübermittlerin Dorothea Viehmann. Liebevoll wird der Ortskern als Märchenviertel bezeichnet, denn die bekannte Märchenerzählerin Dorothea Viehmann hatte dort einst ihren Wohnsitz, und sie lernte 1813 in Niederzwehren auch die Brüder Grimm kennen. Sie erzählte ihnen über 40 Märchen – mindestens 36 davon schrieben die Brüder Grimm auf.

Ein Spaziergang im idyllischen Märchenviertel vorbei an den alten Fachwerkhäusern erinnert an die vielen Märchen und Sagen. Kinder sind sofort von dem schmalen Grunnelbach begeistert, der sich durch den Ort schlängelt. Folgt man ihm, so kommt man an Kunstwerken wie den drei überdimensionierten Büchern vorbei und gelangt schließlich zum Märchenplatz. Hier steht ein Denkmal mit der Büste von Dorothea Viehmann, auf dem Boden sind einige ihrer Märchenideen zu bestaunen. Spätestens beim Anblick des Torbogens mit der Aufschrift »Es war einmal« fühlt man sich wie in einer anderen Welt.

Im Märchenviertel gibt es viel zu entdecken. Schon allein die Straßennamen sind einen Besuch in Niederzwehren wert. Wer aufmerksam ist, findet sogar das einstige Wohnhaus der Märchenerzählerin. Ein toller Ort für die ganze Familie, den man gesehen haben sollte!

Adresse Märchenweg, 34134 Kassel-Niederzwehren // **ÖPNV** Tram 5, 6, Bus 17, 50, Haltestelle Dennhäuser Straße oder Brüder-Grimm-Straße // **Anfahrt** von der B 3/Frankfurter Straße über die Korbacher Straße in den Märchenweg // **Öffnungszeiten** jederzeit zugänglich // ab 6 Jahre

TIPP: Nur zehn Gehminuten entfernt liegt der Abenteuerspielplatz Wartekuppe. Hier gibt es eine große Auswahl an Spielgeräten.

62_DER PIZZA-AUTOMAT

Pizza auf Knopfdruck

Manchmal muss es nach einem erlebnisreichen Tag schnell gehen, wenn die hungrige Meute ausgetobt auf der Rücksitzbank sitzt. Statt jedoch bei einem bei Kindern beliebten Schnellrestaurant anzuhalten, kann man mal etwas richtig Ausgefallenes ausprobieren. Ohne lange Wartezeit, versprochen! Denn am Pizza-Automaten in der Leuschnerstraße gibt es knusprige Pizza innerhalb von vier Minuten. Das bekommt noch nicht einmal der heimische Backofen hin.

Vorab muss man sich jedoch für eine der acht verschiedenen Sorten entscheiden: BBQ-Hähnchen, Calabrese, Margherita, Salami, Schinken, Thunfisch, Vegetarisch und Vier-Käse. Gar nicht so einfach, denn alle Pizzen sehen auf den Bildern köstlich aus. Bei Kindern ziehen natürlich die Klassiker Margherita oder Salami. Man kann zwischen einer kalten Pizza, die zu Hause noch aufgebacken werden muss, oder einer warmen Pizza, die direkt verzehrt werden kann, wählen. »Sofort essen!«, sind sich die Kinder einig. Nach der Auswahl zeigt der Bildschirm einen Countdown an. Vier Minuten! Aufgeregt schauen die Kinder dem Countdown zu und zählen die letzten Sekunden lauthals herunter. Schließlich öffnet sich die Klappe, und die Pizza kommt samt Karton aus dem Automaten. Eine absolute Sensation für Kinder, wenn sie sich eine eigene Pizza auswählen, sie dem Automaten entnehmen und anschließend ganz allein verputzen dürfen!

TIPP: In der Friedrich-Ebert-Straße 62–64 befindet sich ein ganz besonderes Kunstwerk: die Stadt Kassel aus vielen kleinen Mosaikplättchen zusammengesetzt. Im Dunkeln sieht das besonders schön aus, denn es wird von Scheinwerfern bunt angestrahlt.

Adresse vor dem Rewe, Leuschnerstraße 82, 34134 Kassel-Niederzwehren // **ÖPNV** Tram 3, 7, Haltestelle Heinrich-Schütz-Allee // **Anfahrt** B 3 / Frankfurter Straße, in die Leuschnerstraße abbiegen und bis zum Rewe fahren // **Öffnungszeiten** jederzeit; nur Kartenzahlung möglich // ab 5 Jahre

63_DIE JUKEBOX

Musik aus dem Automaten im American Diner

Echtes amerikanisches Flair erlebt man in Chevys American Diner in der Henschelstraße nahe der Universität. Bereits beim Betreten ist das Staunen groß, denn die Einrichtung des Restaurants ist im Stil der 50er Jahre gehalten. Mit Leder überzogene rote Stühle und Bänke sowie viele einzigartige Blechschilder zieren den Raum. Aber es gibt noch weitere spannende Dinge zu entdecken, etwa eine alte Jukebox, die nach Einwurf einer Geldmünze und der Auswahl über die Tasten CDs mit Unterhaltungsmusik abspielt. So etwas kennt man eigentlich nur noch aus alten Filmen, doch hier darf man die beleuchtete Jukebox aus nächster Nähe betrachten und sogar ausprobieren.

Dreht man sich um, entdeckt man eine alte Tankstellenzapfsäule und direkt gegenüber eine Sitzmöglichkeit, gefertigt aus einem originalen amerikanischen Auto. Die Wahl des Sitzplatzes fällt daher gar nicht so leicht, denn am liebsten möchte man jeden Platz in dem liebevoll eingerichteten Diner einmal testen.

Bedient wird man hier oft vom Chef persönlich, und es wird schnell klar, dass Familien und Kinder sehr willkommen sind. Die Wahl des Gerichts fällt dann allerdings genauso schwer wie die Platzwahl, denn ein Gericht hört sich köstlicher an als das andere. Für Kinder gibt es kindgerechte Burger, Pommes und Nuggets. Serviert wird jedes Kindermenü mit einer – wie kann es auch anders sein – amerikanischen Flagge.

TIPP: Das Gelände der Universität befindet sich direkt gegenüber. Hier kann man sich die Füße vertreten, und die Kinder können ganz in Ruhe spielen, ohne auf Autos achten zu müssen.

Adresse Chevy American Diner, Henschelstraße 15, 34127 Kassel-Nord-Holland, Tel. 0561/8619548, www.chevys-kassel.de // **ÖPNV** Tram 1, 3, 5, RT1, RT4, Haltestelle Holländischer Platz; Bus 45, 52, N 40, N 49, N 52, N 53, Haltestelle Holländischer Platz/Universität // **Anfahrt** über die B 83 in die Henschelstraße // **Öffnungszeiten** täglich 16–0 Uhr // ab 5 Jahre

64_DER FERNROHR-GUCKPFAHL

Hoch hinaus

Nordhessen ist umgeben von verwunschenen Märchenwäldern. Im östlichen Teil des Habichtswaldes befindet sich ein Wanderweg, der nur für Mutige und Menschen, die Action lieben, geeignet ist, denn es geht hoch hinaus auf die Klippen des Hirzsteinbergs. Der Weg beginnt auf dem Kasselsteig an der Konrad-Adenauer-Straße.

Die erste Attraktion lässt dabei nicht lange auf sich warten, denn mitten im Wald steht der 25 Meter hohe Bismarckturm, der sogar betreten werden darf. Aufregend, wenn man in das alte Gebäude hineingeht und nicht weiß, was einen im Inneren erwartet. Ist man die Treppen hinaufgestiegen, hat man einen wunderschönen Ausblick auf den Stadtteil Brasselsberg und das Naturschutzgebiet Dönche.

Mit einer kleinen Steigung geht der Weg weiter durch die malerische Landschaft, an kleinen Bächen entlang und teilweise über knorrige Brücken. Über einen schmalen, geschwungenen Pfad und an dicken Buchenbäumen vorbei erreicht man schließlich den Aussichtspunkt. Auf dem Hirzstein angekommen, wird man von einem Fernrohr-Guckpfahl überrascht. Eine tolle Idee, denn am Pfahl sind 22 Rohre befestigt, die auf die umliegenden Berge zeigen. Auf jedem Röhrchen sind der Name des jeweiligen Berges, die Höhe und die Entfernungsangabe eingraviert. Kinder wollen natürlich am liebsten durch jedes der 22 Röhrchen schauen. Die Aussicht ins Hessische Bergland ist atemberaubend.

Adresse Wanderparkplatz, Konrad-Adenauer-Straße 83, 34132 Kassel-Nordshausen // **Anfahrt** von der L 3215 in die Konrad-Adenauer-Straße und dort am Parkplatz an der Brücke parken, über die Fußgängerbrücke in den Habichtswald mit dem Kasselsteig // **Öffnungszeiten** jederzeit // ab 5 Jahre

TIPP: Im »Route 66« in der Burgfeldstraße kann man nach der Wanderung einkehren und einen selbst zusammengestellten Burger verspeisen.

65_DER KUNST-SPAZIERGANG

Die buntesten Straßen der Stadt

Bei einem Spaziergang durch das Kasseler Schillerviertel recken Kinder ihre Hälse in die Luft und zeigen auf die bunten Hauswände. Dort, wo man in der Regel nur mit dem Auto vorbeifährt, um in die Innenstadt zu gelangen, verbirgt sich ein wahrer Schatz: eine öffentliche Kunstgalerie.

Zu sehen sind wunderschöne farbenfrohe Graffiti an der Stadtmauer und großformatige Wandbilder an den Häusern, die von Künstlern aus der ganzen Welt geschaffen wurden. Die Bilder sind im Rahmen des Street-Art- und Graffiti-Projekts KolorCubes entstanden. Mittlerweile wurden mehr als 30 Großwände in Kassel gestaltet. Das Ganze ist natürlich legal, und es ist toll anzuschauen. Die bunten Kunstwerke sorgen für gute Laune und bringen Frische in die sonst so grauen Straßen der Stadt. Und Kinder?

Kinder können gar nicht genug von den Graffiti bekommen. Immer wieder entdecken sie neue Motive. Wer sich alle Kunstwerke der öffentlichen Kunstgalerie anschauen möchte, startet am besten am Holländischen Platz und lädt sich vorab die kostenlose »Streetart in Kassel«-App auf sein Smartphone. Auf vier Kilometern durch die Nordstadt und das Schillerviertel kommt man so an allen Graffiti vorbei und erfährt, von wem das Kunstwerk stammt und was es darstellt.

TIPP: Nicht weit entfernt ist die Kasseler Stadthonig-Imkerei. Unbedingt reinschauen und ein Glas des frischen Honigs mitnehmen.

Besonders spannend: Auf der Tour passiert man Unterführungen und versteckte Straßen, die man bisher garantiert noch nicht kannte. Ein aufregender Ausflug!

Adresse KolorCubes e.V. Rothenditmolder Straße 21, 34117 Kassel-Rothenditmold // **ÖPNV** Tram 1, 3, 5, RT 1, RT 4, Bus 45, 52, N 40, N 49, N 52, N 53, Haltestelle Holländischer Platz/Universität // **Anfahrt** über die L 251 in die Rothenditmolder Straße, zu Fuß durch das Schillerviertel // **Öffnungszeiten** jederzeit // ab 5 Jahre

KASSEL-SÜDSTADT

66_DIE BOWLINGBAHN

Familienspaß an Regentagen

Großen Spaß zu jeder Jahreszeit und bei jeder Wetterlage bietet das Bowling-Center in der Bosestraße. Hier haben Kinder ab vier Jahre eine Riesenfreude, wenn sie die Kugeln werfen dürfen. Schon das Anziehen der Bowlingschuhe bringt die Kinder zum Kichern, denn plötzlich tragen alle Familienmitglieder die gleichen Schuhe. Dies muss natürlich erst einmal mit einem Foto festgehalten werden. Dann kann es aber auch schon losgehen.

Für die jüngeren Kinder gibt es im Bowling-Center ein vollautomatisches Bumpersystem. Wenn sie an der Reihe sind, fahren automatisch Trennwände an den Seiten der Bowlingbahn hoch, sodass der Ball auf der Bahn bleibt und sie einen Treffer mit ihrem Wurf erzielen können. Kinder, die noch Schwierigkeiten beim Bällewerfen haben, dürfen sich einen der roten Hilfsdrachen nehmen und den Ball herunterkullern lassen. Außerdem hilft dieser beim Zielen. Sobald ein Erwachsener dran ist, fahren die Wände von allein wieder runter. Auf diese Weise kann die ganze Familie auf einer Bahn spielen.

Wer einen entspannten und außergewöhnlichen Kindergeburtstag feiern möchte, ist hier ebenso richtig, denn es gibt tolle Geburtstagspakete zu buchen. Bei jeder Geburtstagsparty dekoriert das Team des Bowling-Centers einen Tisch sowie die Bowlingbahn und stellt einen großen Korb voller Süßigkeiten bereit. Entspannter kann man den Kindergeburtstag kaum verbringen.

Adresse City Bowling Kassel, Bosestraße 1, 34121 Kassel-Südstadt, Tel. 0561/21077, www.citybowling-kassel.de // **ÖPNV** Tram 5, 6, Bus 10, 12, 13, 16, 25, 500, Haltestelle Auestadion, von dort 2 Minuten zu Fuß // **Anfahrt** von der B 3/Frankfurter Straße in die Bosestraße, kostenlose Parkplätze vorhanden // **Öffnungszeiten** Mo–Do 14–24 Uhr, Fr 14–2 Uhr, Sa 11–3 Uhr, So und Feiertage 10–24 Uhr // ab 4 Jahre

TIPP: Ganz in der Nähe befindet sich ein riesiges Schuhcenter. Es gibt eine große Auswahl an Kindermarkenschuhen zum kleinen Preis und außerdem eine Kino-Ecke.

67_Der Bugastrand

Buddeln und planschen – Urlaubsgefühl inklusive

Nordhessen ist so facettenreich, dass man sogar mitten in der Stadt einen Urlaubstag am Strand mit feinem weißem Sand, einer Strandbar und Liegen verbringen kann. Das Naturschutzgebiet rund um den Bugastrand erfüllt all diese Wünsche und ist ein phantastischer Ort für Familien. Hier können Sandburgen gebaut und Wassergräben gebuddelt werden. Zwischendrin lädt das klare Wasser des Sees zum Baden oder Planschen ein. Manchmal kommen sogar neugierige Enten und Fische vorbeigeschwommen. Die Wasserqualität des Naturbadesees wird ständig überwacht, daher brauchen Eltern hier keine Bedenken zu haben.

Während die Kinder auf den weiten Wiesen Wurfspiele oder Fangen spielen, können die Eltern auf der Picknickdecke die Beine langmachen und ein Buch lesen. Oder man versucht sich beim Tischtennis. Entlang des Weges, der sich auch hervorragend für Fahrrad- oder Rollertouren eignet, stehen Tischtennisplatten zur freien Verfügung. Kleinere Kinder freuen sich über das Wipptierchen am Strand.

Eltern mit größeren Kindern können in der angrenzenden Segel- und Surfschule einen Schnupperkurs buchen. Auf dem Rückweg zum Parkplatz gibt es an der Strandbar noch eine Portion hervorragender Pommes und zum Nachtisch ein leckeres Eis. Am Ende des Tages sind sich alle einig: Der Tag am Bugastrand war wie ein Mini-Urlaub.

Adresse Strandbar Kassel, Damaschkestaße. 51, 34121 Kassel-Südstadt // **ÖPNV** Bus 12, Haltestelle Messehalle // **Anfahrt** A 49, Abfahrt Kassel-Waldau, über die B 4 in die Damaschkestraße, Parkplätze rund um den Buga-See und entlang der Fuldaaue // **Öffnungszeiten** Strand: jederzeit frei zugänglich; Strandbar: Mo–Fr 11–18 Uhr, Sa, So 10–18 Uhr, in den Wintermonaten Mo Ruhetag // für jedes Alter

TIPP: In der Nähe des Strands befindet sich ein toller Abenteuer- und Wasserspielplatz mit Klettergeräten.

68_DIE DRAHTBRÜCKE

Nichts für schwache Nerven

Die wacklige Drahtbrücke ist ein wahrer Magnet für Kinder auf einem Spaziergang durch den Kasseler Auedamm. Die Fußgängerbrücke, die ebenso von Fahrradfahrern benutzt werden darf, überspannt seit 1870 die Fulda in Kassels Innenstadt und verbindet somit die Unterneustadt mit dem Stadtteil Mitte. Sobald Kinder die große Hängebrücke entdeckt haben, flitzen sie los, nach den ersten Metern auf der Brücke bleiben sie jedoch oftmals erschrocken stehen.

Tatsächlich schwankt die Brücke je nach Wetterlage und Personenanzahl nicht schlecht. Sobald sie sich aber an das Wackeln und Schwanken gewöhnt haben, laufen die Kleinen weiter oder hüpfen sogar kräftig, um die anderen Fußgänger ins Wanken zu bringen. Von der Drahtbrücke aus können die Kinder das Geschehen auf der Fulda bestaunen. Wenn man Glück hat, sieht man von hier oben Fische, Enten und Schwäne, oder man beobachtet Kanu- und Wasserskifahrer.

Besonders faszinierend ist für Kinder, wenn das Fahrgastschiff Hessen unter der Drahtbrücke hindurchfährt und man den Passagieren zuwinken und direkt auf die Köpfe schauen kann. Wer mutig ist, legt sich einfach mal auf den Bauch und späht direkt durch die Drahtritzen ins Wasser. Ebenso spannend anzusehen sind die vielen bunten Liebesschlösser, die sich im Laufe der letzten Jahre an der Drahtbrücke gesammelt haben.

TIPP: In der Nähe der Waldauer Wiesen wurde ein Saisongarten der Universität Kassel angelegt. Hier können sich Familien, die keinen eigenen Garten haben, eine Parzelle mieten und Gemüse anbauen. Ein tolles Projekt!

Adresse Auedamm/An der Karlsaue, 34121 Kassel-Südstadt // **ÖPNV** Bus 16, Haltestelle Auebad // **Anfahrt** B 3/Steinweg über die Du-Ry-Straße an den Auedamm, Parkplätze an der Hessenkampfbahn oder entlang des Auedamms // **Öffnungszeiten** jederzeit // ab 4 Jahre

69_DER GROSSE BLAUE WAL

Keine Angst, er ist ganz lieb

Kinder lieben es zu klettern, zu rutschen und sich auszutoben. Mitten in der Karlsaue liegt ein großer Spielplatz mit einem noch größeren blauen Wal. Im Jahr 2018 wurde der Spielplatz komplett saniert und zählt nun zu den schönsten Spielplätzen der Stadt. Schaut man sich einmal um, merkt man, dass es hier ganz schön tierisch zugeht: Neben einer Elefantenrutsche, einer Löwenwippe, einem Dschungel-Parcours und einem Jeep hat auch ein gigantischer blauer Wal in Form eines Klettergerüsts Platz gefunden. Aber auch klassische Spielaktivitäten wie ein Fußballplatz, ein Basketballkorb, ein großer Sandkasten sowie Schaukeln findet man auf dem Spielplatz im Grünen direkt am Fuß des Weinbergs. Hier kann man locker einen ganzen Nachmittag verbringen.

Während die Kinder spielen, können es sich die Erwachsenen auf der Picknickdecke oder auf den zahlreich vorhandenen Sitzplätzen gemütlich machen. So haben die Großen mal etwas Zeit, um sich zu unterhalten, während die Kleinen buddeln, spielen und Spaß haben.

An warmen Sommertagen hält der Eiswagen direkt auf dem Spielplatz und sorgt für eine kleine Abkühlung. Abschließend kann der Nachmittag mit einem Pizza-Picknick im Park abgerundet werden. In der nahe gelegenen Frankfurter Straße befindet sich die Pizzeria San Marino. Pizza bestellen, abholen und im Park genießen, bevor es glücklich bis zum nächsten Besuch des Wals wieder nach Hause geht.

Adresse Erlebnisspielplatz Landaustraße, 34121 Kassel // ÖPNV Tram 5, 6, RT 5, Bus 25, 54, 500, Haltestelle Am Weinberg // Anfahrt über Frankfurter Straße, an der Karlsaue in die Landaustraße abbiegen und vor der Kunsthochschule parken // Öffnungszeiten jederzeit // für jedes Alter

TIPP: In der Raiffeisenstraße befindet sich das Steakhouse Timberjacks. Wer Lust hat, kann sich täglich ab 19 Uhr beim Bullriding beweisen.

70_DIE KIDS CORNER

Den Profis ganz nah

Kassel ist nicht nur die zweitgrünste Stadt Deutschlands, die mit dem Bergpark Wilhelmshöhe sogar zum UNESCO-Welterbe zählt, sondern auch als Eishockeystadt weit über die Stadtgrenzen hinaus bekannt. An Heimspieltagen verwandelt sich die Stadt in die Vereinsfarben Blau und Weiß. Dann scheint es, als würden die mit Schals und Trikots bekleideten Fans aus sämtlichen Winkeln kommen. Sie stehen an jeder Straßenecke und Haltestation, und wenn man sich der Eishalle nähert, hört man schon von Weitem die Fan-Gesänge aus dem Zwinger der Huskies.

Dank eines neuen Investors, der sichtlich viel Herzblut in die Umgestaltung und Renovierung der Eishalle steckte, gibt es seit der Saison 2021/2022 die Kids Corner. Einen Bereich nur für Kinder, von dem aus sie das Spiel ihrer Schlittenhunde aus nächster Nähe beobachten dürfen. Die Kids Corner, die sich direkt hinter der Bande befindet, ist so gebaut, dass bereits die Allerkleinsten aufs Eis schauen können. Somit können sie die Spieler aus der ersten Reihe anfeuern.

In den Pausen können sich die Kinder auf den extra vorgesehenen Holzbänken ausruhen oder im Candy Shop eine Süßigkeit kaufen. Eltern verfolgen das Spiel von den Rängen aus, denn sie dürfen leider nicht mit in die Kids Corner. Für die Kids ist es ein unvergessliches Erlebnis, wenn die Kufencracks am Spielende noch einmal eine Runde über das Eis drehen und vor der Kids Corner anhalten, um zu winken oder eine Welle zu machen.

Adresse Eissporthalle Kassel, Am Auestadion 1, 34121 Kassel-Südstadt // **ÖPNV** Tram 5, 6, RT 5, Bus 10, 12, 13, 16, 25, 54, 500, Haltestelle Auestadion // **Anfahrt** von der B 3/Am Auestadion in die Damaschkestraße. Parkplätze vor der Halle // **Öffnungszeiten** Termine der Heimspiele unter www.kassel-huskies.de; Eintritt: ab 15 Euro, Kinder bis einschließlich 6 Jahre frei, kein Sitzplatzanspruch // ab 4 Jahre

TIPP: In der Kölnischen Straße 2 gibt es die zum Eissport passende kanadische Fast-Food-Spezialität Poutine. Das sind mit Käse und Soße überbackene köstliche Pommes, die unbedingt mal probiert werden sollten.

71_DAS PLANETARIUM

Ein Blick in die Sterne

Warum leuchten die Sterne? Wie groß ist eigentlich die Erde? Und warum ist es nachts überhaupt dunkel? Solche Fragen stellen sich Kinder ab dem Kindergartenalter häufig. Auch in vielen Kindersachbüchern geht es um das Thema Weltall, die Erde, die anderen Planeten und die Sterne.

Mitten in der Kasseler Karlsaue steht Hessens größtes Planetarium. Durch die Kuppel, die einen Durchmesser von zehn Meter hat, können die Besucher einen überwältigenden Blick in den Himmel, zu den Sternen und auf die Milchstraße werfen. Bei den regelmäßig stattfindenden Führungen, Familienprogrammen und Vorführungen erfahren Kinder und Erwachsene viel über den Kosmos. Die Kinder dürfen Fragen stellen und sich gemeinsam mit Käptn Schnuppe und seinem Raumschiff Argo auf die Reise zu den verschiedenen Planeten unseres Sonnensystems begeben.

Was viele nicht wissen: Beim Besuch des Planetariums stößt man auf eine echte Himmelsmaschine, die von Landgraf Wilhelm IV. im Jahr 1562 erfunden wurde. Hier kann man auch die Planetenuhr, die sogenannte »Wilhelmsuhr«, auf der sich die Positionen von Sonne, Mond und den übrigen Planeten ablesen lässt, bestaunen. Weltweit gibt es nur vier Exemplare dieser Uhr: in Paris, Dresden, Wien und eben in Kassel. Ein Besuch im Planetarium erweitert den Horizont im wahrsten Sinne des Wortes.

Adresse An der Karlsaue 20a, 34121 Kassel-Südstadt // **ÖPNV** Tram 1, 3, 4, Haltestelle Friedrichsplatz // **Anfahrt** B 3/Steinweg, über die Du-Ry-Straße an den Auedamm, Parkplätze an der Hessenkampfbahn oder entlang des Auedamms // **Öffnungszeiten** Führungen nur mit verbindlicher Anmeldung unter Tel. 0561/31680-756 oder besucherdienst@museum-kassel.de // ab 5 Jahre

TIPP: In unmittelbarer Nähe zum Planetarium steht unterhalb des Rosenhangs ein Baum, in dessen Krone ein riesiger Stein liegt. Unbedingt anschauen!

72_DIE SPITZHACKE

Moderne Kunst am Fuldaufer

Am Fuldaufer in der Karlsaue steckt ein überdimensioniertes Werkzeug mitten in der Wiese. Ob das wohl von Herkules stammt, rätseln Kinder, die es zum ersten Mal sehen und auf das gigantische Teil zulaufen. In Wirklichkeit handelt es sich um das Kunstwerk »Die Spitzhacke«, das für die Kunstausstellung documenta 7 im Jahr 1982 vom schwedisch-amerikanischen Künstler Claes Oldenburg an der Fulda installiert wurde.

Die documenta ist die beeindruckendste Ausstellung für zeitgenössische Kunst der Welt und findet alle fünf Jahre in Kassel statt. Dann verwandelt sich die Stadt für 100 Tage in ein riesiges Museum, überall stehen Kunstwerke, und es werden zahlreiche Ausstellungen organisiert.

Künstler Oldenburg ist bekannt dafür, dass er Alltagsgegenstände durch Maßstabsvergrößerung in Szene setzt. So eben auch die fünf Tonnen schwere Spitzhacke aus Stahl, die mit ihren 12,25 Metern den Weg nach Kassel fand. Wobei die Inspiration angeblich von einer Spitzhacke stammte, die nur wenige Schritte weiter in einem Erdhaufen hinter der Orangerie steckte. Mit der Spitzhacke sollte aber ebenso an den Wiederaufbau der Stadt nach der Zerstörung im Zweiten Weltkrieg erinnert werden.

Mittlerweile ist die Spitzhacke gut in die Landschaft integriert und zieht jährlich viele Besucher an – schließlich ist sie ein beeindruckendes Wahrzeichen von Kassel. Kinder können auf den unteren Teil der Hacke klettern oder für ein lustiges Foto davor, dahinter oder darauf posieren.

> **TIPP:** Besonders freundlich werden Kinder im familiengeführten Restaurant »Burger Boss« nahe der Martinskirche begrüßt. Hier gibt es die besten Burger der Stadt.

Adresse Am Auedamm 20 B, 34121 Kassel-Südstadt // ÖPNV Tram 1, 3, 4, Haltestelle Friedrichsplatz; Bus 16, Haltestelle Auebad // Anfahrt B 3/Steinweg, über die Du-Ry-Straße an den Auedamm, Parkplätze an der Hessenkampfbahn oder entlang des Auedamms // Öffnungszeiten jederzeit zugänglich // ab 4 Jahre

73_DAS TIGERENTEN-RENNEN

Jetzt heißt es Daumen drücken

Einmal im Jahr findet auf der Regattawiese am Auedamm zwischen der Spitzhacke und der Drahtbrücke ein weltweit einzigartiges Event statt: ein Rennen mit Tausenden schwarz-gelb gestreiften Hartplastikenten auf der Fulda.

Vor Ort kann eine Tigerente gegen eine kleine Gebühr adoptiert werden. Der Erlös kommt dem Verein Soziale Hilfe e. V. Kassel zugute. Das Motto: Gemeinsam für eine soziale Stadt. Nun heißt es Daumen drücken, denn alle adoptierten und nummerierten Enten werden in einem Behälter gesammelt und nach dem Startschuss von einem Boot in die Fulda gelassen. Begleitet von einem Beiboot, wird das Rennen aus nächster Nähe beobachtet. Die Tigerente, die schließlich zuerst die Ziellinie überschreitet, wird gebührend gefeiert, denn es winken attraktive Preise, darunter sogar eine Fernreise oder ein wertvolles Fahrrad. Auch wenn die Gewinnchancen bei diesem Event ziemlich gering sind, steht vielmehr die Stimmung während des gesamten Spektakels im Vordergrund, denn die ist einfach phantastisch.

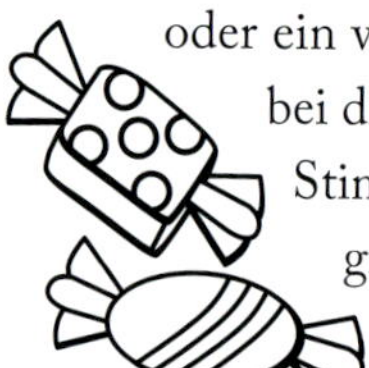

Abgerundet wird das Event mit einem bunten Unterhaltungsprogramm und Attraktionen wie Basteln, Kinderschminken, einem großen Spielmobil, Kistenklettern und natürlich vielen Süßigkeiten und Leckereien.

Das jährliche Tigerenten-Rennen ist ein unvergessliches Spektakel für Kinder und sollte unbedingt einmal miterlebt werden.

Adresse Auedamm, 34121 Kassel-Südstadt // **ÖPNV** Tram 1, 3, 4, Haltestelle Friedrichsplatz; Bus 16, Haltestelle Auebad // **Anfahrt** B 3/Am Auestadion, in die Damaschkestraße und bis zur Kreuzung Auedamm, kostenlose Parkplätze am Auedamm // **Öffnungszeiten** Termine und Infos unter www.soziale-hilfe-kassel.de/tigerenten-rennen // ab 3 Jahre

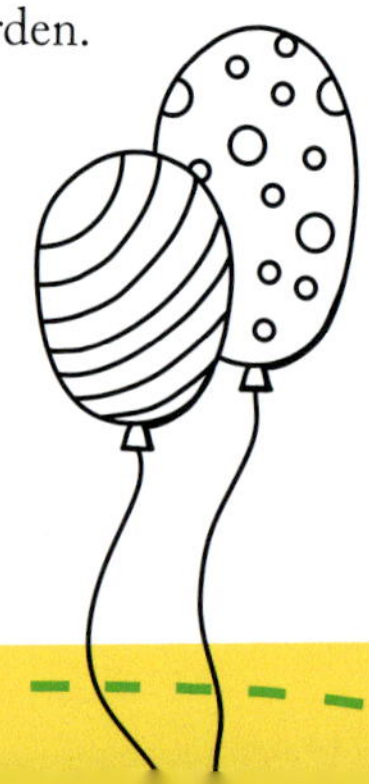

TIPP: Im Pfannkuchenhaus am Auedamm gibt es leckere Pfannkuchen in verschiedenen Variationen: süß, herzhaft, mit Früchten oder Eis belegt. Einfach lecker!

74_DER DINO IN DER STADT

Das Mitmach-Museum

Ein Dino in der Stadt? Vor dem Naturkundemuseum in der Kasseler Innenstadt kann man schon von Weitem den schaurigen Dinosaurier erkennen. Für manch einen Autofahrer ist der Anblick etwas irreführend, Kinder finden den Dinosaurier mitten in der Stadt hingegen cool.

Wer mehr über Dinosaurier und die ersten Lebewesen der Erde erfahren möchte, sollte sich unbedingt mal ein paar Stunden Zeit für einen Rundgang durch das Naturkundemuseum im Ottoneum nehmen, das sich direkt hinter dem Dino befindet. Im Museum wartet eine riesige Dauerausstellung rund um die Themen Erdgeschichte und Natur in Nordhessen. Zudem gibt es immer wieder Sonderausstellungen wie beispielsweise über giftige Tiere, Tierkinder und Bienen. Für die Kleinen besonders faszinierend sind die gigantischen Dinosaurier-Skelette. Wenn man neben ihnen steht, kommt man nicht mehr aus dem Staunen heraus, weil man sich so winzig fühlt.

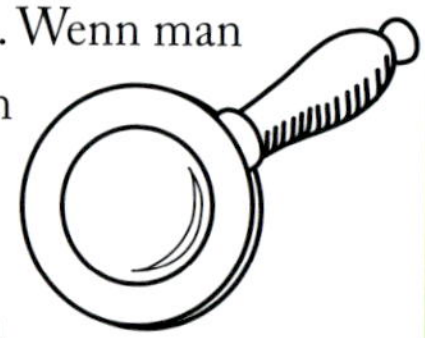

Aber auch die verschiedenen Mitmach-Stationen bereiten den Kindern unheimlich viel Spaß. So können die kleinen Paläontologen Dinosaurier-Skelette freilegen, Fußabdrücke unter die Lupe nehmen, verschiedene Felle anfassen oder es sich in der Bücherecke bequem machen. Am Maltisch liegen einige Vorlage zum Ausmalen und Mitnehmen bereit. Es gibt viel zu sehen und zu lernen. Daher sollte ausgiebig Zeit für einen Besuch im Naturkundemuseum eingeplant werden.

Adresse Naturkundemuseum, Steinweg 2, 34117 Kassel-Unterneustadt, Tel. 0561/7874066, www.naturkundemuseum-kassel.de // **ÖPNV** Tram 1, 3, 4, 5, 6, 8, RT4, Haltestelle Friedrichsplatz // **Anfahrt** B 3/Steinweg, in die Du-Ry-Straße fahren und auf dem kostenpflichtigen Theaterparkplatz parken // **Öffnungszeiten** Di–Sa 10–17 Uhr, So 10–18 Uhr // ab 5 Jahre

TIPP: In etwa sechs Gehminuten erreicht man den »Pizza Hut«, der eine große, abwechslungsreiche Speisekarte für Kinder, ein Bällebad und Malstifte mit passenden Malvorlagen bietet.

KASSEL-UNTERNEUSTADT

75_DAS KURBAD JUNGBORN

Urlaub in der Badewanne

An der Ufermauer der Fulda liegt eines der wenigen Gebäude, das den Kasseler Luftangriff im Jahr 1943 überlebt hat. Es steht unter Denkmalschutz und wurde vom Förderverein Kulturdenkmal Kurbad Jungborn saniert. In ihm befindet sich ein wahrer Schatz, der sogar vielen Einheimischen unbekannt ist: ein Museum, in dem die Geschichte und die Entwicklung der unterschiedlichen Badeeinrichtungen in Kassel anschaulich präsentiert wird.

In der Warmbadeanstalt Jungborn gab es damals acht Badekabinen mit Badewannen, die man für 50 Pfennig eine halbe Stunde lang mieten konnte. Das Wasser stammte aus der Fulda und wurde in einem großen Ofen erwärmt. Für die Kinder ist es unvorstellbar, dass man zum Baden extra in die Stadt fahren musste, hat doch heutzutage nahezu jeder zu Hause eine eigene Badewanne. Noch immer ist die Geschichte des Gebäudes sichtbar, man kann die Badekabinen in ihrem originalen Zustand bestaunen. Faszinierend sind auch die großen Schaukelbadewannen. Durch Schaukelbewegungen wurden Wellen nachgeahmt, und der Badende fühlte sich wie im Meer. Für die Menschen von damals war der Besuch im Bad ein Moment der Erholung und Entspannung.

Nach einem Rundgang kann das Gesehene bei einem köstlichen Stück Kuchen und einer Limonade im historisch eingerichteten Museumscafé direkt an der Fulda weiter diskutiert werden. Wie anders das Leben früher doch war!

Adresse Sternstraße 20, 34123 Kassel-Unterneustadt // **ÖPNV** Tram 0, 4, 8, RT 1, Bus 10, 17, 31, 32, 33, 37, 125, 196, Haltestelle Unterneustädter Kirchplatz // **Anfahrt** von der B 83 in die Leipziger Straße, vor der Fuldabrücke in die Sternstraße abbiegen, Parkplätze auf dem Gelände des Kurbades // **Öffnungszeiten** Do–Mo 14–19 Uhr; Eintritt frei, Spenden erwünscht // ab 5 Jahre

TIPP: Direkt um die Ecke liegt ein Spielplatz, auf dem sich die Kinder nach dem Museumsbesuch etwas bewegen können.

76_DIE MARKTHALLE

Die frischesten Säfte

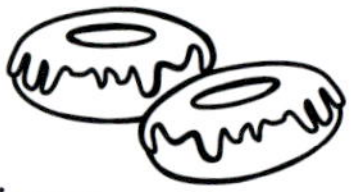

Die besten Donuts der Stadt, regionale Produkte und ein Bereich nur für Kinder – damit ist auch an einem regnerischen Tag die Laune gerettet. Aber eigentlich spielt das Wetter gar keine große Rolle, denn in der Markthalle direkt im Herzen von Kassel kann man immer schöne Stunden verbringen. Sie bietet ein außergewöhnliches Einkaufserlebnis für Kinder und Erwachsene.

Über 70 Marktbeschicker preisen in der Markthalle auf einer Fläche von über 2.000 Quadratmetern und verteilt auf zwei Ebenen frische Produkte aus der Region für die Region an: von Obst und Gemüse über Fisch- und Fleischwaren bis hin zu handgefertigten Produkten und Blumen. Neben den köstlichen und wunderschön anzuschauenden Waren ist es aber die Atmosphäre, die einen Besuch in der Markthalle so besonders macht. Ein netter Plausch mit den Marktbeschickern, eine kleine Kostprobe und der ausführliche Plausch gehören einfach dazu.

Wer möchte, kann sich nach einem Gang über den Markt auf einer der Sitzgelegenheiten niederlassen und bei einer deftigen Mahlzeit oder einem frischen Saft das bunte Treiben beobachten. Für Kinder gibt es eine gut eingerichtete Spielecke. Das Tolle: Hier lernen sie oftmals andere Kinder kennen, die ebenfalls mit ihren Eltern den Wocheneinkauf in der Markthalle erledigen. Ein Wiedersehen beim nächsten Mal ist daher nicht ausgeschlossen.

TIPP: Am Friedrichsplatz kann man das Kunstwerk »Der vertikale Erdkilometer«, das anlässlich der documenta 6 entstanden ist, bestaunen. Dabei handelt es sich um einen fünf Zentimeter dicken Messingstab, der einen Kilometer tief in die Erde reicht.

Adresse Wildemannsgasse 1, 34117 Kassel-Unterneustadt // **ÖPNV** Tram 3, 6, 7, Haltestelle Katzensprung/Universität; Tram 4, 8, Bus 10, 17, 32, 37, 38, Haltestelle Unterneustädter Kirchplatz // **Anfahrt** B 3/ Steinweg, in die Tränkepforte abbiegen und im Parkhaus der Markthalle parken // **Öffnungszeiten** Do, Fr 7–18 Uhr, Sa 7–14 Uhr // für jedes Alter

77_DER RETRO-KAUGUMMIAUTOMAT

Wer bekommt den schönsten Flummi?

»Was ist das denn für ein alter roter Kasten an der Wand?« Kinder staunen nicht schlecht, wenn man ihnen erzählt, dass Automaten wie dieser ein Teil von Mamas und Papas Kindheit waren. Dass sie ganz aufgeregt waren, wenn sie auf dem Schulweg oder am Nachmittag gemeinsam mit ihren Freunden das Münzgeld in den Schlitz gesteckt haben und ihnen durch das Drehen ein buntes Kaugummibällchen, ein kleiner Ring oder ein Flummi in die Hand fiel. Das Kribbeln im Bauch bei der Frage, wer nun den schönsten Flummi aus dem Automaten bekam, war unbeschreiblich.

In die Automaten wurde stolz das erste Taschengeld investiert. In den 80er und 90er Jahren hingen in jeder Ortschaft mehrere dieser roten Kaugummi- und Spielzeug-Automaten an Hauswänden, Gaststätten oder vor Lebensmittelläden. Heute sind sie eher rar, und man muss die Augen offen halten, um noch einen zu entdecken.

Für Kinder ist es ein echtes Erlebnis, eine Münze einzuwerfen und sich anschließend überraschen zu lassen, welches Spielzeug herauspurzelt. Die Qualität der Kleinartikel lässt dabei natürlich zu wünschen übrig, und auch die Kaugummis sind nicht die allerbesten. Zuerst sind sie zu süß, dann werden sie schnell sehr hart und geschmacklos. Noch nicht einmal eine Blase kann man mit ihnen machen. Doch das ist nicht schlimm, denn vielmehr zählen das Erlebnis und der kleine Nervenkitzel am Automaten, wenn man überlegt, welche Kaugummifarbe wohl herausfällt.

TIPP: Köstliche Pasta und Pizza gibt es nur wenige Gehminuten entfernt im Restaurant »Gusto«. Unbedingt die hausgemachte Pannacotta zum Nachtisch wählen!

Adresse August-Bebel-Platz, 34119 Kassel-Vorderer Westen // **ÖPNV** Tram 4, 8, Bus 8, 13, 16, Haltestelle Bebelplatz // **Anfahrt** B 3/Frankfurter Straße, über die Fünffensterstraße in die Friedrich-Ebert-Straße und weiter bis zum August-Bebel-Platz, Parkplätze dort oder in den umliegenden Straßen // **Öffnungszeiten** jederzeit // ab 4 Jahre

78_DIE RIESENSCHAUKEL

Spielen und toben in der grünen Mitte

Die Goetheanlage im Vorderen Westen Kassels wird auch liebevoll als »grüne Mitte« bezeichnet. Im Sommer trifft man hier auf Familien, die auf der großen Liegewiese picknicken oder grillen, und auf Studenten, die auf ihren Decken liegen und an der frischen Luft lernen. Kinder klettern auf dem großen Spielplatz oder fahren mit ihren Rollern und Fahrrädern durch den Park. Jugendliche spielen Fußball, Basketball oder Federball auf der extra dafür asphaltierten Fläche.

Der Generationen-Parcours, der aus sieben unterschiedlichen Geräten besteht, bietet allen Altersklassen eine tolle Beschäftigungs- und Bewegungsmöglichkeit. Die vielen Bänke und Sitzmöglichkeiten in der Anlage laden zum Ausruhen und Verweilen ein. An warmen Tagen spenden die großen Bäume Schatten. Manch eine Familie feiert sogar den Kindergeburtstag in Eigenregie in der Parkanlage. Die große Wiese, auf der Bewegungsspiele durchgeführt werden können, sowie die Geräte auf dem Spielplatz eignen sich dafür hervorragend. Im Park kann sogar eine Schnitzeljagd veranstaltet werden, ohne dass Rücksicht auf gefährliche Straßenübergänge oder Autos genommen werden muss.

Abschließend kann man eine Pizza bestellen oder picknicken. Die Goetheanlage ist ein beliebter Treffpunkt zu jeder Jahreszeit und hat für alle Altersklassen etwas zu bieten. Einmal im Jahr findet ein riesiger Kinderflohmarkt statt. Dieser zählt zu den besten in der Region und ist bei Eltern sehr beliebt.

Adresse Goetheanlage, Herkulesstraße 95, 34119 Kassel-Vorderer Westen // **ÖPNV** Tram 1, 3, 4, 7, 8, Haltestellen Berlepschstraße oder Kongress Palais/Stadthalle // **Anfahrt** B 3/Frankfurter Straße, über die Fünffensterstraße in die Wilhelmshöher Allee, in die Freiherr-von-Stein-Straße abbiegen und weiter in die Herkulesstraße // **Öffnungszeiten** täglich 6–22 Uhr // für jedes Alter

TIPP: Im Café »Buch-Oase« in der Germaniastraße kann man sich bei einem Getränk oder Snack eines der vielen tollen Bücher anschauen. Hier ist garantiert für jeden das passende Buch dabei.

79_DAS WASCHBÄR-GEHEGE

Hier lebt das bekannteste Tier der Stadt

In keiner anderen Stadt leben so viele Waschbären wie in Kassel. Die Stadt wird daher auch als europäische Waschbärenhauptstadt bezeichnet. Für Kinder sehen die Tiere aus wie kleine Superhelden mit schwarzen Gesichtsmasken.

In den späten Abendstunden oder in den frühen Morgenstunden kann es passieren, dass einem so ein kleiner buschiger Superheld über den Weg läuft, lautstark über das Dach turnt oder es sich beim Mitternachtssnack in der Biomülltonne bequem gemacht hat. Zu nahe kommen sollte man den kleinen Bären mit ihren unverwechselbaren schwarz gefärbten Gesichtsmasken um die Augen jedoch nicht, denn sie haben es faustdick hinter den Ohren, können beißen sowie kratzen.

Mitten in der Stadt liegt der familiengeführte Zoo am Rammelsberg. Hier dürfen sich Kinder die Waschbären einmal aus nächster Nähe anschauen. In dem kleinen Zoo leben fünf Waschbären im Gehege. Neben den Waschbären gibt es im Zoo außerdem Alpakas, Luchse, Schlangen und viele weitere Tiere, einige darf man sogar mit von zu Hause mitgebrachtem Futter füttern. Der Eintritt ist kostenlos, jedoch kann jeder im Rahmen seiner Möglichkeiten eine freiwillige Spende in die Box am Ein- beziehungsweise Ausgang legen, denn der Zoo finanziert sich rein durch Spenden sowie durch den Verkauf von Snacks und Getränken. Der kleine Zoo am Rammelsberg ist genau die richtige Adresse für einen Familienausflug.

TIPP: Nur vier Gehminuten entfernt befindet sich »Killefitt & Schnack«, ein kleiner, feiner Secondhandladen mit Kinderkleidung und Spielzeug sowie tollem regionalem Kunsthandwerk. Stöbern ist erlaubt!

Adresse Zoo am Rammelsberg, Roterkopfweg, 34130 Kassel-Wahlershausen, www.zoo-rammelsberg.de // **ÖPNV** Tram 1, 8, Haltestelle Kunoldstraße // **Anfahrt** B 3/Frankfurter Straße, über die Fünffensterstraße in die Wilhelmshöher Allee, dann in die Schulstraße abbiegen, weiter in die Straße »Am Rammelsberg« und in Roterkopfweg // **Öffnungszeiten** Di – Fr 14 – 18 Uhr, Sa, So und Feiertage 10 – 18 Uhr; Eintritt frei, Spende erwünscht // für jedes Alter

80_DIE FAMILIENGÄRTNEREI

Großer Spaß für kleine Gärtner

Im May Garden in Waldau können sich Kinder zwischen fünf und acht Jahren die kleinen Finger mal so richtig dreckig machen und unter fachmännischer Anleitung eigene Gemüsepflänzchen säen oder Zimmerpflanzen in selbst bemalte Tontöpfe setzen. Abgestimmt auf die Jahreszeiten finden hier regelmäßig Workshops für kleine Gärtner statt. In den Kursen lernen Kinder viel über Pflanzen, erschaffen etwas Kreatives und dürfen das Ergebnis anschließend mit nach Hause nehmen. Wer möchte, kann hier sogar seinen Kindergeburtstag feiern und gemeinsam mit Freunden bei einem leckeren Stück Kuchen gärtnern.

Das Gärtnern und Kreieren eigener Werke bereitet Kindern nicht nur eine Menge Spaß, sondern macht sie auch mächtig stolz. Zu Hause dürfen sie sich dann weiter um ihre Pflanzen kümmern, sie gießen und beim Wachsen beobachten.

Während die Kleinen am Workshop teilnehmen, können Eltern ganz in Ruhe durch das liebevoll eingerichtete Gartencenter schlendern, in dem es bei Weitem nicht nur Pflanzen, sondern auch Deko- und Geschenkartikel sowie besondere Köstlichkeiten gibt. Abschließend treffen sich alle bei einem leckeren Stück Kuchen und einem Kakao im gemütlich eingerichteten Café mit Wohnzimmerfeeling. Für kleinere Kinder wurde dort sogar eine Spiel- und Malecke eingerichtet. Familien fühlen sich hier auf Anhieb wohl und willkommen.

Adresse May Garden, Kasseler Straße 70, 34123 Kassel-Waldau // Anfahrt A 49, Abfahrt Kassel-Industriepark, auf der Marie-Curie-Straße bis zur Abbiegung Kasseler Straße fahren, Parkplätze vor Ort // Öffnungszeiten Mo–Sa 9–19 Uhr, Termine für Workshops unter www.may-garden.de // ab 5 Jahre

TIPP: Am Rosa-Luxemburg-Ring befindet sich ein toller Ritterburg-Spielplatz. Genau das Richtige, um noch mal ordentlich zu klettern und zu schaukeln.

81_DAS KARNIVOREN-HAUS

Hier staunen nicht nur Kinder

Ein Häuschen, in dem fleischfressende Pflanzen leben, noch dazu mitten in der Stadt. Hat man den großen Glaskasten im Botanischen Garten erst einmal entdeckt, kann man den Blick nicht mehr von der Scheibe abwenden. Die hier lebenden fleischfressenden Pflanzen fangen mit ihren Fangblättern Insekten, aber auch andere kleine Tiere wie Asseln. Zum Fangen der Beute haben die Pflanzen dabei fünf verschiedene Methoden entwickelt: Gleitfallen, Klebefallen, Klappfallen, Saugfallen und Reusenfallen. Dieses Spektakel kann man hier erleben. Auf einer Tafel, die sich direkt neben der Karnivoren-Vitrine befindet, wird dabei jede Pflanze mit ihrer Fangart beschrieben.

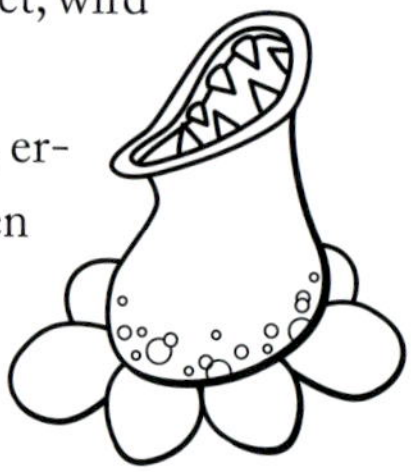

Geht man den Weg auf der Lindenallee weiter, erreicht man schon nach wenigen Metern einen kleinen Spielplatz. Doch gespielt wird hier nicht lange, denn die vielen Pavillons, Blumenbeete, Themengärten und Seerosenteiche machen neugierig und möchten erkundet werden. Die gepflegte Parkanlage, in der sich auch viele Tierarten angesiedelt haben, lädt das ganze Jahr über zum Flanieren und Entspannen ein.

Im Schulbiologiezentrum des Parks hängen je nach Jahreszeit erklärende Informationen zu Tieren und Pflanzen sowie tolle Mitmach-Aktionen für Kinder aus. Mit etwas Glück trifft man hier auch die Imker bei ihrer Arbeit an, denen man über die Schulter schauen darf und die gern die Fragen der Kinder beantworten.

Adresse Botanischer Garten, Bosestraße 15, 34121 Kassel-Wehlheiden // **ÖPNV** Tram 5, 6, Haltestelle Park Schönfeld; Bus 25, Haltestelle Botanischer Garten; Bus 13, Haltestelle Feerenstraße // **Anfahrt** B 3/ Frankfurter Straße, in die Bosestraße, kostenloser Parkplatz vorhanden // **Öffnungszeiten** täglich 8–19.30 Uhr; Eintritt frei // ab 3 Jahre

TIPP: Ganz in der Nähe liegt ein cooler Spielplatz mit einem großen Turm und außergewöhnlichen Spielgeräten.

82_DIE KLANGTREPPE

Bereit für ein Orchester in der Natur?

Kinder lieben es, Steine, Naturmaterialien und Stöcke zu sammeln. Mit den Stöcken in der Hand ziehen sie dann durch Pfützen, musizieren an Mülltonnen, Gartenzäunen und Treppengeländern.

Erst auf den zweiten Blick bemerkt man, dass das lange blaue Treppengeländer im idyllischen Park Schönfeld oberhalb der Frankfurter Straße nicht nur irgendein Geländer ist, sondern ein Klang-Treppengeländer. Hier können Kinder ausprobieren, wie ihre gesammelten Stöcke klingen, wenn man sie an den Edelstahlstreben des Treppengeländers entlangzieht. Wie hört es sich wohl an, wenn man in Windeseile die Treppen hinunterflitzt und mit dem Stock in der Hand am Geländer vorbeirauscht? Und wie klingt das Ganze im Schneckentempo? Wer es lieber professioneller mag, kann sich einen der Klangstäbe aus dem Behälter oberhalb des Geländers nehmen.

Langeweile ist hier fehl am Platz, denn schaut man sich genauer um, entdeckt man viele weitere tolle Mitmach-Stationen, die zum Musizieren einladen. Kinder sind von den musikalischen Stationen des Klangpfads sowie vom See mit den Gänsen und Enten in der wunderschönen Parkanlage begeistert.

Der Klangpfad ist ein aus privater Initiative entstandenes Projekt des Kasseler Musikprofessors Walter Sons, das Musik, Natur, Spiel, Spaß und Bewegung miteinander vereint. Walter Sons und seine Frau bieten regelmäßig geführte Klangspaziergänge an.

TIPP: In der Frankfurter Straße 56 findet man das mexikanische Restaurant Paco's Tacos. Hier kann man sehr gut essen. Zur Vorspeise unbedingt einen Nacho-Teller ohne Chiliflöckchen wählen!

Adresse Park Schönfeld, 34121 Kassel-Wehlheiden, www.klangpfad-kassel.de // **ÖPNV** Tram 5, 6, Haltestelle Park Schönfeld; Bus 27, Haltestelle Botanischer Garten // **Anfahrt** B 3/ Frankfurter Straße, in die Bosestraße und dieser bis zum Ende folgen, kostenloser Parkplatz vorhanden // **Öffnungszeiten** jederzeit zugänglich, Klangführungen unter Tel. 0561/38780 oder info@klangpfad-kassel.de vereinbar // ab 3 Jahre

83_DER KINDER- UND JUGENDBAUERNHOF

Ein Mitmach-Paradies in der Natur

Nicht jeder hat einen Garten zu Hause, in dem man Blumen säen und Gemüse ernten kann. Das ist aber auch gar nicht so schlimm, denn im Stadtteil Wesertor, zwischen dem Fuldaufer und der Ahne gelegen, befindet sich auf einem Gelände von über 4.500 Quadratmetern der Mitmach-Kinderbauernhof.

Mit seinen Streuobstwiesen, Obst- und Gemüsegärten, Hühnern, Kaninchen, Schweinen, Schafen, Bienen und dem großen Baumhaus wird auf dem Kinder- und Jugendbauernhof jeder Nachmittag zum Erlebnis. Das abwechslungsreiche Nachmittags- und Ferienprogramm, bei dem die Kinder die Tiere versorgen, gärtnern, basteln, werken, kochen, gemeinsam essen, klettern oder spielen, ist kostenlos und wird mit Hilfe einiger Sponsoren sowie einer Grundsicherung der Stadt Kassel finanziert. Ab und an wird sogar eine Filmnacht bei einem Lagerfeuer mit Stockbrot organisiert. Um keine Aktion zu verpassen, lohnt sich ein Blick auf die Homepage.

Der Bauernhof ist ein wahres Spielparadies in der Natur und erinnert dabei ein bisschen an die Astrid-Lindgren-Filme. Die Kinder dürfen sich hier frei bewegen, ohne dass Rücksicht auf Autos genommen werden muss. Ganz nebenbei finden sie neue Freunde und lernen auf spielerische Weise die Natur besser kennen. Das alles mitten in der Stadt, hinter dem bunten Lattenzaun des Kinder- und Jugendbauernhofs am Wesertor.

TIPP: Läuft man in Richtung der Fulda, so hat man einen tollen Blick auf die Staustufen sowie die Schleuse. Besonders schön ist es, wenn die Dämmerung anbricht und die Stadt im Hintergrund zu leuchten beginnt.

Adresse Am Werr 8, 34125 Kassel-Wesertor, www.kinderbauernhof-kassel.de // **ÖPNV** Tram 3, 6, 7, Haltestelle Katzensprung // **Anfahrt** B 83 / Schützenstraße, in die Wimmelstraße fahren und dort parken // **Öffnungszeiten** offenes Angebot Di–Sa 15–18 Uhr // ab 6 Jahre

84_DIE GROSSE HOLZEISENBAHN

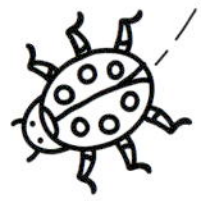

Alle einsteigen, alle einsteigen!

Umgeben von einer idyllischen Landschaft liegt im Kaufunger Steinertsee-Park einer der schönsten Spielplätze Nordhessens. Ein besonderer Anziehungspunkt ist dabei die riesige Holzeisenbahn, die natürlich bespielt werden darf.

Kinder verwandeln sich hier entweder in Lokomotivführer und steuern die Lok, oder aber sie kaufen als Passagiere Fahrkarten am detailgetreuen Bahnhofshäuschen und suchen sich anschließend einen schönen Platz in einem der komfortablen Zugwaggons aus. Der Phantasie sind hier keine Grenzen gesetzt.

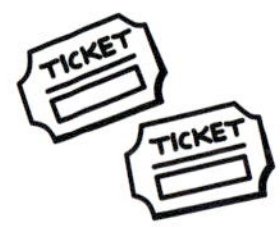

Die Holzeisenbahn wurde mit sehr viel Mühe gestaltet. So wurde auch an viele Details wie ausreichend Sitzmöglichkeiten und sogar Etagen in den Waggons gedacht. Vom Bahnhof aus erreicht man den Zug über eine Wackelbrücke, und sogar das Bahnhofsgebäude hat stilecht ein cooles Graffiti bekommen.

Neben der riesigen Holzeisenbahn gibt es hier noch viele weitere tolle Spielgeräte für Kinder, darunter eine Seilbahn, einen Hochseil-Kletterparcours, zwei Rutschen, vier Schaukeln sowie einen großen Sandkasten und ein Fußballfeld. Während die Kinder stundenlang begeistert spielen, machen es sich die Erwachsenen auf dem großen Sofa bequem, das mit vielen kleinen Mosaikplättchen verziert wurde, und lassen den Blick entspannt über den Spielplatz bis hin zum malerisch gelegenen See schweifen.

Adresse Spielplatz Steinertsee-Park, Am Weinberg, 34260 Kaufungen // **ÖPNV** Tram 4, Haltestelle Kaufungen-Riekswiesen // **Anfahrt** B 7, von der Theodor-Heuss-Straße in der Ortsmitte auf die Leipziger Straße abbiegen und in die Sensensteinstraße, weiter bis zur Kreuzung am Weinberg // **Öffnungszeiten** ganzjährig zugänglich // ab 2 Jahre

TIPP: Der Gänserammel-Brunnen ist ein toller Springbrunnen mit Metallgänsen. Er steht in Niederkaufungen auf dem Platz zwischen dem Mühlengraben und der Losse.

85_KLEIN-BULLERBÜ

Ein Tag wie im Bilderbuch

Weite Wiesen und Wälder, kleine, bunt gestrichene Häuser im nordischen Stil, Ziegen, Hasen, Hühner und Pferde – der Mitteltalhof in Oberkaufungen ist ein Paradies für Kinder, das sofort an Astrid Lindgrens Buch »Wir Kinder aus Bullerbü« erinnert. Ein Ort, an dem Kinder Kinder sein dürfen. Hier flitzen sie barfuß über Wiesen, spielen im Stroh und klettern durch Zäune auf die Pferdekoppeln oder in das Ziegengehege. Auf dem Hof wird es nie langweilig!

Neben einer professionellen Reitstunde haben Kinder die Möglichkeit, im Kleintiergehege die Ziegen, Hasen und Schildkröten zu streicheln und die Hühner und Gänse zu beobachten. Auf dem Trampolin oder dem Klettergerüst können sie sich ordentlich austoben, und im Sandkasten wird gebuddelt.

Während die Kinder den Hof erkunden, entspannen sich die Eltern auf der Veranda des angrenzenden Hofcafés bei einer Tasse Kaffee und einem Stück hausgemachten Kuchen und lassen den Blick in die Ferne schweifen. Die Stunden auf dem Mitteltalhof vergehen wie im Flug, man hat fast das Gefühl, im Urlaub zu sein.

Wer länger bleiben möchte und hier wirklich mal Urlaub machen möchte, kann sich eines der acht kleinen skandinavischen Ferienhäuser, die für zwei bis sechs Personen ausgestattet sind, mieten und bei absoluter Ruhe tolle Tage direkt am Wanderweg »GrimmSteig« verbringen. In regelmäßigen Abständen finden auf dem Hof Veranstaltungen wie Lesungen oder Livemusik-Konzerte statt.

Adresse Mitteltalhof Kaufungen, Im Hain 7, 34260 Kaufungen, www.mitteltalhof.de // **Anfahrt** B 7, von der Theodor-Heuss-Straße in der Ortsmitte auf die Leipziger Straße abbiegen, dann in die Niester Straße und weiter bis zum Hof // **Öffnungszeiten** Hofcafé: April–Okt. Mi, So 14–17.30 Uhr; Veranstaltungen das ganze Jahr über, Termine siehe Homepage // ab 3 Jahre

TIPP: Im Anschluss kann man im Regionalmuseum in der Schulstraße 33 in die Vergangenheit reisen. Schulkinder staunen nicht schlecht, wenn sie dabei das alte Dorfschulzimmer sehen.

86_DIE KLEINSTE DAMPFLOK

Kleine Lokomotivführer ganz groß

»Tsch-tsch« hört man die kleine Dampflok schon von Weitem, wenn man das Bahnhofsgelände der Steinertseebahn in Kaufungen betritt. Im alten Braunkohle-Tagebau-Gebiet bei Kassel dürfen Kinder und Erwachsene mitfahren. Der Modellbahnclub Kassel e.V. schuf und pflegt die liebevoll angelegte Gleisstrecke in einer parkähnlichen Anlage mit kleinen, selbst gezimmerten Gebäuden und sogar einem Bahnsteig, an dem die Passagiere ihre Fahrkarten erwerben können.

Zwischen April und Oktober fahren die Züge an verschiedenen Tagen und bei gutem Wetter auf der riesigen Gleisanlage. Die Dampflokomotive, die wahrhaftig Dampf ausstößt und den Sound einer echten Lokomotive hat, wird vom Fahrer eigenhändig mit Steinkohle befeuert; das ist für Groß und Klein ein wahres Schauspiel. Für wenige Euro erwirbt man einen Fahrschein für die vierte Klasse und kann mit der Dampflok an einer zehnminütigen erlebnisreichen Fahrt quer durch die sehr gepflegte grüne Parkanlage und vorbei an den kleinen, detailgetreu nachgebauten Häuschen teilnehmen. Wer genau aufpasst, entdeckt sogar das Toilettenhäuschen des Schaffners.

Einmal auf die Bahn gesetzt, möchte man am liebsten nicht mehr absteigen, so viel Spaß macht das. Kinder unter vier Jahren steigen am besten in Begleitung eines Erwachsenen ein, die Begleitperson fährt in diesem Fall gratis mit.

TIPP: Mitten im Söhrewald liegt eine nicht fertiggestellte Autobahnbrücke aus dem Jahr 1941 für die damals geplante Strecke Kassel–Eisenach. Vom Wanderparkplatz im Söhrewald aus ist sie gut zu erreichen.

Adresse Steinertseebahn, Am Weinberg, 34260 Kaufungen // **ÖPNV** Bus 4, Haltestelle Kaufungen-Rieckswiesen // **Anfahrt** B 7, von der Theodor-Heuss-Straße in der Ortsmitte auf die Leipziger Straße abbiegen und in die Sensensteinstraße, weiter bis zur Kreuzung am Weinberg // **Öffnungszeiten** Termine und Infos unter www.steinertseebahn-kfg.de; Einzelfahrkarte: 2 Euro // ab 3 Jahre

87_DIE WASSER-SPRINGSCHALE

Bringst du das Wasser zum Springen?

Hast du schon einmal Wasser in einer Schale zum Springen gebracht? In der alten Ziegelei in Oberkaufungen wird den Besuchern genau gezeigt, wie Wasser mit den Händen und ohne technische Hilfsmittel springen kann. Bei der Wasserspringschale handelt es sich um ein altes chinesisches Instrument, mit dem man durch Reibung der beiden Griffe Töne erzeugen kann. Es bedarf etwas Geduld und Übung, umso faszinierender ist es, wenn das Wasser in der Schale anfängt sich zu bewegen, zu sprudeln und letztlich zu springen. Groß und Klein kommen hier nicht mehr aus dem Staunen heraus, und jeder möchte einmal sein Glück versuchen und an den Griffen der Schale reiben, damit das Wasser springt.

Ein weiteres tolles Experiment wartet zu jeder vollen Stunde nebenan. Ein Mitarbeiter erklärt dann, wie Vibrationen von dem riesigen goldenen Gong auf den Menschen übertragen werden. Dafür stellt man sich direkt hinter den Gong, und schon ist ein Schwingen oder Kribbeln im ganzen Körper zu spüren – wie aufregend!

Diese Experimente und bis zu 50 weitere können von Kindern, aber auch von Eltern und Großeltern in den SinnesGängen in Oberkaufungen ausprobiert werden. Der Brennofen der alten Ziegelei verfügt über 16 begehbare und miteinander verbundene Gewölbekammern, die mit verschiedenen Experimenten rund um die Welt der Sinne ausgestattet sind. Ziel ist es, die eigenen Sinne zu schulen.

Adresse SinnesGänge in der Ziegelei Oberkaufungen, Niester Straße 24, 34260 Kaufungen, www.sinnesgaenge.de // **ÖPNV** Tram 4, Haltestelle Bahnhof Oberkaufungen // **Anfahrt** B 7, von der Theodor-Heuss-Straße in der Ortsmitte auf die Leipziger Straße abbiegen, dann in die Niester Straße und der Beschilderung »SinnesGänge« folgen // **Öffnungszeiten** 1. Mai–30. Okt. So und Feiertage 12–18 Uhr // ab 5 Jahre

TIPP: Der Streuselkuchen in der Dorfbäckerei Ahrendt schmeckt besonders lecker!

LOHFELDEN

88_DIE TANZ-EICHE

Warum tanzt hier nur niemand?

Sobald Kinder die Tanz-Eiche entdeckt haben, rennen sie darauf zu und wollen wissen, was es damit auf sich hat. Die Tanz-Eiche ist eine Erhöhung in Lohfeldens »Grüner Mitte«, einem Naherholungsgebiet, von dem aus man einen wunderschönen Blick auf die Nachbarorte, auf Kassel und den Herkules hat. Der kleine, aber feine Park beherbergt einen riesigen Sandkasten, und die Wiesen eignen sich perfekt zum Herumflitzen.

Hingucker ist der aus großen Steinen und in Schneckenform angelegte Sinnespfad. An den Steinen mit den verschiedenen Oberflächen kann man den rauen Untergrund ertasten, an den herrlich duftenden Kräutern darf man riechen, und durch das Summen am Summstein wird ein Kribbeln im ganzen Körper ausgelöst. Direkt gegenüber befindet sich die lange Röhrenrutsche und unweit davon die tolle Schaukel aus Autoreifen.

Richtig Spaß macht auch der Fitness-Parcours mit seinen 13 Kraft- und Fitnessgeräten. Dieser führt bis zum Lohfeldener Rathaus und wieder zurück, Kinder sollten ihn lieber nur in Begleitung eines Erwachsenen ausprobieren. An warmen Tagen schlagen Familien die Picknickdecken auf dem Rasen auf, halten Pläuschchen, naschen mitgebrachte Köstlichkeiten und zocken beim Kartenspielen. Ein toller Park, in dem Familien in Ruhe entspannen und Zeit miteinander verbringen können. Und eine Bereicherung in Sachen Sinneswahrnehmung ist er auch noch!

Adresse Grüne Mitte, 34253 Lohfelden // **Anfahrt** A 7 oder A 49, Abfahrt Kassel-Mitte, Richtung Lohfelden, der Crumbacher Straße durch den Ort folgen und bis zum ausgeschilderten Parkplatz fahren // **Öffnungszeiten** Gelände ganzjährig nutzbar // ab 2 Jahre

TIPP: Im Vorsterpark steht ein Springbrunnen in Form eines riesigen silbernen Eimers. Witzig!

89_DIE FAHRRADSEILBAHN

Im Stahlkorb über die Fulda

Fahrradtouren bereiten Kindern jeden Alters Spaß. Während die Kleineren noch im Anhänger der Eltern mitfahren, sausen die Größeren um die Wette. Auf dem Fuldaradweg zwischen Beiseförth und Binsförth legen die Kinder jedoch meist abrupt eine Vollbremsung ein und bleiben mit geöffneten Mündern stehen.

Über die etwa 40 Meter breite Fulda ist dort eine Kette gespannt, an der ein riesiger Stahlkorb hängt. Spätestens jetzt steigen auch die restlichen Familienmitglieder von ihren Fahrrädern ab, um sich das mal genauer anzuschauen. Ein Schild erklärt, dass es sich hierbei um eine Fahrradseilbahn handelt, mit deren Hilfe sich bis zu vier Personen und ihre Fahrräder gleichzeitig an das andere Fuldaufer manövrieren lassen können.

Natürlich wollen die Kinder das selbst ausprobieren. Doch zuerst muss der Fahrkorb mit den Kurbeln ans Ufer geholt werden. Kein Problem, die Kinder machen sich direkt an die Arbeit. Schließlich können alle mit ihren Fahrrädern in die Stahlgondel steigen. Der Letzte schließt das Tor, und der Stärkste beginnt mit dem Kurbeln, bis reihum jeder mal dran war. Puh, gar nicht so einfach!

TIPP: In der Mühlenstraße 44 in Beiseförth sollte man durch den »Back Drive-In« fahren und eine süße Köstlichkeit als Proviant mitnehmen. Funktioniert sowohl mit dem Auto als auch mit dem Fahrrad.

Nach ungefähr fünf Minuten Fahrzeit hat man schließlich das gegenüberliegende Ufer erreicht und kann die Fahrradtour fortsetzen. Nach einer Fahrt in der Fahrradseilbahn sind sich alle einig: »Das war richtig klasse!«

Adresse an der B 83, 34323 Malsfeld-Beiseförth // **Anfahrt** B 83 zwischen Beiseförth und Binsförth, Auto in einem der beiden Orte abstellen und per Rad oder zu Fuß weiter, Fahrradseilbahn nicht zu übersehen // **Öffnungszeiten** Seilbahn 1. April – 1. Nov. in Betrieb, nur bei Tageslicht benutzbar // ab 3 Jahre

90_DAS ALTE BAHNHOFSTELEFON

Eine Reise in die Vergangenheit

Am Naumburger Bahnhofsgebäude, das 1904 von der Kassel-Naumburger Eisenbahn errichtet wurde, finden aufmerksame Spaziergänger noch ein wahres Prachtstück aus längst vergangener Zeit: ein altes Bahnhofstelefon oder – wie man früher dazu sagte – einen Fernsprechapparat. Sobald die Kinder das Telefon entdeckt haben, verfallen sie in ein kreatives Rollenspiel und denken sich spannende Dialoge aus.

Das Telefon ist eine echte Rarität, und manche Kinder können kaum glauben, dass Telefone früher mal so komisch ausgesehen haben, mit einem Kabel und einer Drehscheibe versehen. Das alte Bahnhofstelefon wurde vom Museumsverein, der im Jahr 1987 gegründet wurde, unter dem Vordach des Bahnhofsgebäudes angebracht, das heute unter Denkmalschutz steht.

Das Eisenbahnmuseum, das in diesem Gebäude untergebracht ist, bietet viele interessante Einblicke in die Arbeit der früheren Eisenbahner, außerdem präsentiert es historische Bahnhofsexponate sowie mehrere Modelleisenbahnen mit naturgetreuer Nachbildung der Bahnstrecke und der Landschaft drum herum.

Vor dem alten Bahnhofsgebäude befindet sich eine weitere Attraktion: eine alte Dampflokomotive, die von den Kindern bestiegen und sogar bespielt werden darf. An ausgewählten Tagen im Monat hält hier am Endbahnhof in Naumburg die historische Dampflokomotive des Hessencourriers.

Adresse Bahnhof Naumburg, Lerchenweg 2, 34311 Naumburg // **Anfahrt** von der B 251 über die L 3214 in die Stadtmitte von Naumburg und auf die Bahnhofstraße abbiegen // **Öffnungszeiten** Bahnhofstelefon und Dampflokomotive jederzeit; Museum an den Fahrtagen des Hessencourriers oder nach Anmeldung unter Tel. 05625/790974 // ab 3 Jahre

TIPP: In Naumburg sollte man unbedingt das Kaufhaus Schmandt in der Unteren Straße besuchen. Auf über 800 Quadratmetern Verkaufsfläche und auf drei nebeneinander liegende Häuser verteilt gibt es so ziemlich alles, was man sich vorstellen kann. Das Geschäft existiert mittlerweile in der vierten Generation und ist über 130 Jahre alt!

91_DIE HIMMELSSCHAUKEL

Dem Himmel ganz nah

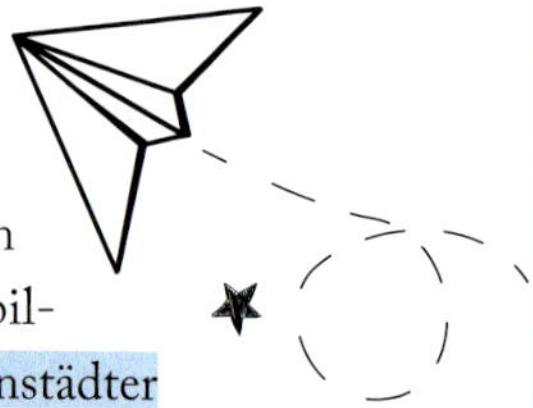

Kinder lieben Schaukeln. Fünf gigantische und miteinander verschraubte Eichenstämme, an denen zwei Kettenstränge sowie ein Sitz befestigt sind, bilden die einzigartige Himmelsschaukel an der Altenstädter Warte am Märchenrastplatz Habichtswald. Hier kann man mit Schwung bis in den Himmel fliegen. Zumindest fühlt es sich so an. Der phantastische Blick über den Habichtswald und die Stadt Naumburg bis hin zum weiten Elbtal ist ein zusätzliches Highlight.

Neben der Himmelsschaukel befindet sich die mittelalterliche Warte. Auf dem Wachturm stand früher ein Wächter, der Ausschau nach Feinden hielt. Über die 18-sprossige Stahlleiter kann der Turm bestiegen werden. Kinder benötigen dabei allerdings die Unterstützung eines Erwachsenen. Auch vom Turm hat man einen herrlichen Blick auf Naumburg und die umliegende Landschaft.

Für Familien ist dieser Ort ein tolles Ausflugsziel. Kinder können im nahe gelegenen kleinen Wäldchen spielen und kleine Käfer, Schmetterlinge und Libellen beobachten. Zudem eignet sich der Platz hervorragend zum Picknicken, denn es sind ausreichend Sitzmöglichkeiten vorhanden. Wer möchte, kann den Ausflug zur Himmelsschaukel mit einer kleinen Wanderung auf dem Habichtswaldsteig kombinieren. Dieser Premiumwanderweg ist insgesamt 85 Kilometer lang und kann in mehreren Etappen bewältigt werden.

Adresse an der Altenstädter Warte, 34311 Naumburg-Altenstädt // **ÖPNV** Bus 55, Haltestelle Altenstädt-Mitte // **Anfahrt** B 251, über die Korbacher Straße nach Altenstädt, von dort der Waldecker Straße / L 3215 folgen und vor Naumburg rechts in den Feldweg zum Märchenrastplatz »Alte Warte« abbiegen // **Öffnungszeiten** jederzeit zugänglich // ab 2 Jahre

TIPP: Nicht weit entfernt findet man die Taverna Anesti mit köstlichen griechischen Spezialitäten. Alle Gerichte gibt es auch als Kinderportion.

92_DER RIESEN-MAMMUTBAUM

Die verzauberten Riesen von Nieste

Wie in einem Märchen kommt man sich vor, wenn man im Naturpark Kaufunger Wald auf die Baumgruppe der Niester Riesen, die der Sage nach verzauberte Riesen sind, trifft. Otto der Quade ließ die stärksten und gefährlichsten Riesen des Landes zu sich kommen, um gemeinsam mit ihnen die nahe gelegene Burg Sensenstein zu zerstören, die für ihn schon lange ein Dorn im Auge war. Die Riesen sollten nachts durch den Wald zur Burg schleichen und sie zertrümmern.

Doch im Wald lebte ein Waldgeist, der die Riesen aufhielt und sie in hohe, mächtige Bäume verzauberte. Noch heute stehen sie genau an dieser Stelle und geben ein ewiges Zeugnis der Tat. Die sechs Niester Riesen mit den Namen Riesenmammutbaum, Douglasie, Pazifische Edeltanne, große Edeltanne 1, große Edeltanne 2 sowie Kanadische Hemlocktanne sind allesamt Nadelbäume und sehr beeindruckend. Steht man unter ihnen und blickt nach oben, kommt man sich wie ein Zwerg vor, denn die Baumkronen sind nicht zu sehen. Der größte unter ihnen ist der Riesenmammutbaum mit einer Höhe von 46 Metern und einem Stammumfang von über 4,5 Metern.

Rund um die Niester Riesen gibt es wunderschöne Wanderwege, die sich perfekt für einen abenteuerlichen Familienausflug eignen. Größere Kinder kennen die Gegend vermutlich von der Schule, denn auf der nahe gelegenen Jugendburg Sensenstein findet jährlich die Fahrradfahrprüfung für alle Viertklässler des Landkreises Kassel statt.

Adresse Wanderparkplatz Niester Riesen, 34329 Nieste // **Anfahrt** A 7, Abfahrt Kassel-Nord, auf der Kasseler Straße/Witzenhäuser Straße in Richtung Niestetal und bis zum ausgeschilderten Wanderparkplatz fahren, dort dem Premiumwanderweg P11 oder der Ausschilderung »Niester Riesen« folgen // **Öffnungszeiten** jederzeit zugänglich // ab 3 Jahre

TIPP: Gegenüber dem Wanderparkplatz liegt die Königsalm mit deftiger bayrischer Küche und einem tollen Ambiente. Ein perfekter Ort, um nach der Wanderung einzukehren.

93_DAS NATURERLEBNISBAD

Urlaubsfeeling für die ganze Familie

Am Ende der Hugo-Preuß-Straße in Niestetal liegt von Feldern umgeben das Naturerlebnisbad. Ein Schwimmbad, das mit keinem anderen in der Region zu vergleichen ist, denn das Bad wurde ausschließlich aus natürlichen Materialien wie Felsen, Steinen und hochwertigen Hölzern erbaut. Außerdem wird komplett auf chemische Zusatzstoffe wie Chlor verzichtet. Das Wasser regeneriert sich durch die ansässigen Pflanzen, wie man es aus Badeseen kennt, quasi von allein und bietet daher eine sehr gute Wasserqualität, die natürlich in regelmäßigen Abständen kontrolliert wird. Auch die Wassertemperatur regelt sich anhand des Wetters von allein, das Bad wird nicht beheizt und bietet im Sommer eine tolle Abkühlung.

TIPP: Wenn man ganz still ist, kann man bei einem Spaziergang in den Nieste-Auen mit etwas Glück Biber entdecken. Interessant anzuschauen sind auch die Fressspuren an den Bäumen und die Biberdämme.

Für einen perfekten Tagesausflug mit Urlaubsfeeling sorgen der breite Sandstrand, an dem die Kinder buddeln und spielen können, sowie das Beachvolleyballfeld, das Kinderbecken, die großzügige Liegewiese und natürlich der Kiosk. Besonders mutige Besucher können von den Sprungfelsen ins Wasser hüpfen. Die beliebten Wasserkaskaden laden insbesondere kleinere Kinder zum Planschen und Pritscheln ein. Im abgesteckten Schwimmerbereich kann man ungestört ein paar Bahnen ziehen.

Somit ist das Naturerlebnisbad im Sommer ein tolles Ziel für die gesamte Familie, in dem echte Urlaubsstimmung aufkommt.

Adresse Hugo-Preuß-Straße 50, 34266 Niestetal // **Anfahrt** A 7, Abfahrt Kassel-Nord, in Richtung Nieste fahren, über die Heiligenröder Straße und die Theodor-Heuss-Straße in die Hugo-Preuß-Straße und dieser bis zum Ende folgen // **Öffnungszeiten** Juni – Ende Aug; Eintritt: Erwachsene und Jugendliche ab 16 Jahre 2 Euro, Kinder zwischen 6 und 16 Jahren sowie Schüler, Studenten und Auszubildende 1 Euro // für jedes Alter

NIESTETAL-SANDERSHAUSEN

94_DAS PIRATENSCHIFF

Landratten aufgepasst

Dieser schöne Spielplatz im Stadtteil Niestetal-Sandershausen erinnert mit seinem großen Piratenschiff, dem Piratenfloß, den kleinen Inseln, den herumtreibenden Koffern und einer Hängematte an die Karibik, und wegen des Plätscherns der vorbeifließenden Nieste kommt es einem wahrhaftig so vor, als ob man sich auf einer Insel aufhielte. Ganz zufällig oder doch eher geplant heißt die Straße, in der sich der Abenteuerspielplatz befindet, sehr passend »Auf der Insel«.

Bei der Umsetzung des Spielplatzes, der für Kinder zwischen zwei und zwölf Jahren konzipiert ist, wurde bis ins kleinste Detail mitgedacht. Größere Kinder steigen auf das gigantische Piratenschiff und klettern bis hinauf in das Krähennest, so wird der Korb am Mast nämlich von Piraten bezeichnet. Hier tauchen die Kinder in wundervolle und kreative Rollenspiele ein.

Auf kleinere Kinder warten ein großer Sandkasten, eine Babyschaukel, die Wackelkoffer, eine Rutsche sowie das kleinere Piratenfloß. Die Spielgeräte sind alle in einem sehr guten Zustand, und der Spielplatz ist insgesamt sehr gepflegt. Für die Erwachsenen gibt es genügend Sitzplätze, die zum Entspannen einladen. Gleichzeitig behält man die spielenden Kinder im Blick. Der Spielplatz ist durch einen Zaun eingegrenzt und liegt sehr ruhig in einer kleinen Siedlung, umgeben von Bäumen, die im Sommer ausreichend Schatten vor der Sonne spenden.

Adresse Auf der Insel 1, 34266 Niestetal-Sandershausen // **Anfahrt** A 7, Abfahrt Kassel-Nord, in Richtung Niestetal-Sandershausen fahren, der Heiligenröder Straße bis zur Abbiegung in die Straße »Auf der Insel« folgen // **Öffnungszeiten** jederzeit // ab 2 Jahre

TIPP: Unbedingt Roller- oder Inlineskates einpacken, denn unter der Autobahnbrücke der A 7 befindet sich ein cooler Skatepark.

95_DER OUTDOOR-FITNESS-PARK

Muckibude im Wald

Kinder bewegen sich am liebsten frei, wollen sich austoben und herumflitzen. Das alles können sie im Outdoor-Fitness-Park Trendelburg, der mitten im Wald liegt. An insgesamt 22 verschiedenen

Outdoor-Fitness-Stationen, die an einer einen Kilometer langen Strecke aufgereiht sind, die durch ein idyllisches Waldstück direkt an der Diemel führt, haben nicht nur die Kleinen unglaublich viel Spaß.

Auf dem Sportpfad können kleine Challenges gestartet werden. Wer schafft es am schnellsten durch das Kriechhindernis? Wer wirft die Steinbrocken am weitesten, und welches Familienmitglied hält am besten die Balance? Natürlich gibt es noch viele weitere tolle Herausforderungen wie beispielsweise das Springen über Naturhindernisse, das Durchlaufen eines Autoreifenparcours, das Hochhangeln an einem dicken Seil oder das Klettern über ein Tarnnetz.

Man muss natürlich nicht jede Übung mitmachen, jeder darf ganz individuell entscheiden, was er möchte und was er schafft, der Spaß sollte an erster Stelle stehen. Jede Station ist mit einer Tafel versehen, auf der erklärt ist, wie sie funktioniert. Der Outdoor-Fitness-Park kann kostenlos und jeden Tag genutzt werden, jedoch sollte der Park wieder so verlassen werden, wie man ihn vorgefunden hat. Sonntags ab 18 Uhr kann man Extremläufern beim Trainieren über die Schulter schauen, auch dies ein absolutes Highlight, das für großes Staunen sorgt.

Adresse Zur Abgunst, 34388 Trendelburg // **Anfahrt** B 83 bis Trendelburg, im Ort rechts in die Straße »Zur Abgunst« einbiegen, Parkmöglichkeiten an der Sporthalle // **Öffnungszeiten** jederzeit // ab 5 Jahre

TIPP: Im Nachbarort Stammen kann man einen stillgelegten Bahnhof mit Zugwaggon bestaunen. Hier dürfen Kinder selbst mal Schaffner sein.

96_DAS ROTE PADDELBOOT

Trau dich und nimm Platz!

Nordhessen ist bekannt für seine malerischen Landschaften und die Flüsse Eder, Diemel, Fulda, Weser und Werra. Ein unvergessliches Erlebnis ist eine Tour im roten Paddelboot durch die Mittelgebirgslandschaft. Vorab muss man sich für eine der zwölf verschiedenen Kanutouren und für eine bestimmte Etappe auf der Diemel oder Weser entscheiden.

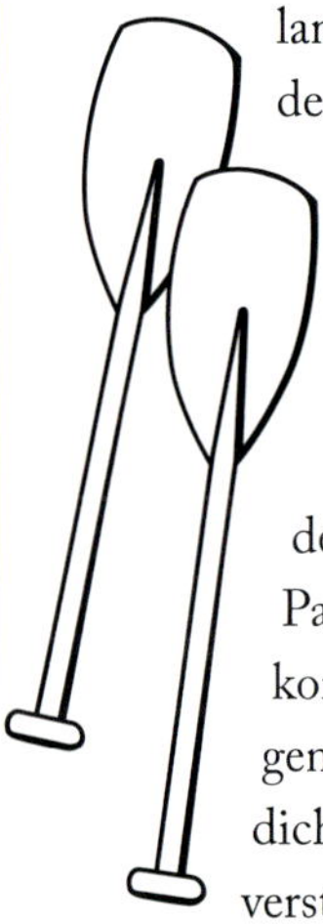

Für den Einstieg und für Familien mit kleineren Kindern ist die Strecke auf der Diemel von Trendelburg nach Wülmersen bestens geeignet. Dies ist die kürzeste Paddelstrecke, sie dauert in der Regel anderthalb bis zwei Stunden. Nach einer Einführung des Personals in die Paddeltechnik und das Verhalten auf dem Flussabschnitt bekommt man ein Kanu, das umgangssprachlich auch Kanadier genannt wird. Außerdem Paddel, Schwimmwesten und wasserdichte Tonnen, um das Gepäck und die Wechselkleidung zu verstauen, sowie eine Flusskarte. Sobald das Kanu in den Fluss gelassen wurde und sich jeder seinen Platz gesucht hat, beginnt das Abenteuer im Paddelboot auf der Diemel.

Ein Riesenspaß für die ganze Familie, denn es ist gar nicht so einfach, das Gleichgewicht zu halten und nebenbei im Takt zu paddeln. Zum Glück ist die Strömung bei dieser Etappe eher gemächlich, sodass sich alle erst einmal mit der Paddeltechnik vertraut machen können. In Wülmersen angekommen, bleibt noch Zeit, um sich im Hofcafé mit einem Stück Kuchen zu stärken, bis der Kleinbus kommt und einen zurück nach Trendelburg bringt.

TIPP: Die historische Kleinstadt Trendelburg mit ihrer namensgleichen Burg, von der Rapunzel einst ihr Haar herabgelassen hat, lädt im Anschluss zu einem märchenhaften Spaziergang ein.

Adresse Kanu Schumacher, Domäne 6, 34388 Trendelburg, www.kanu-schumacher.de // **Anfahrt** B 83 bis Trendelburg, in der Ortsmitte in die Straße »Domäne« abbiegen, kostenfreie Parkplätze auf dem Hof // **Öffnungszeiten** nur nach Voranmeldung unter Tel. 05675/725905, Bürozeiten täglich 8–20 Uhr // ab 5 Jahre

97_DER BLAUE TRAKTOR

Bereit für eine Spritztour?

Kinder lieben Fahrzeuge, vor allem, wenn sie »echt« sind. Auf dem idyllisch gelegenen Hofgut des Wasserschlosses Wülmersen ist der alte blaue Traktor ein geradezu magischer Anziehungspunkt für Kinder. Den in die Jahre gekommenen Traktor dürfen die Kleinen auch besteigen. Immer wieder setzen sie sich abwechselnd auf den Fahrer- und Beifahrersitz, betätigen das Lenkrad sowie die Gangschaltung und rufen fröhlich »Platz da!«.

Im angrenzenden Café Mehlschwalbe gibt es für den kleinen Hunger nach der Fahrt auf dem Traktor köstlichen selbst gebackenen Kuchen und Bauernhofeis, mit dem sich die kleinen Nachwuchslandwirte stärken dürfen. Bei einem anschließenden Spaziergang über den Hof des früheren Ritterguts taucht man in eine wahrhaft mittelalterliche Atmosphäre ein. Die alten Gemäuer, Scheunen und Ställe sowie der Glockenturm des Wasserschlosses vermitteln einen Eindruck davon, wie es früher hier zuging. Für größere Kinder bietet das Landmuseum einen interessanten Einblick in das mittelalterliche Leben.

Neben dem Gelände fließen die Diemel sowie die Holzape. Auch hier gibt es für kleine Entdecker allerhand zu sehen. In den Sommermonaten finden auf dem Gelände des Wasserschlosses abwechslungsreiche Veranstaltungen wie Open-Air-Kino, Konzerte oder Kabarett sowie Ferienspiele für Kinder statt. Ein Blick auf die Homepage lohnt sich!

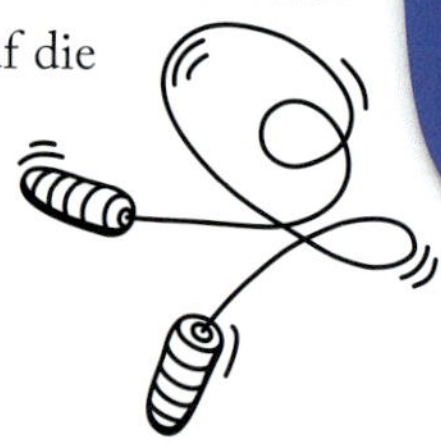

TIPP: In den Sommermonaten befindet sich am Ortseingang von Wülmersen ein gigantisches Maislabyrinth. Ein Riesenspaß für die ganze Familie!

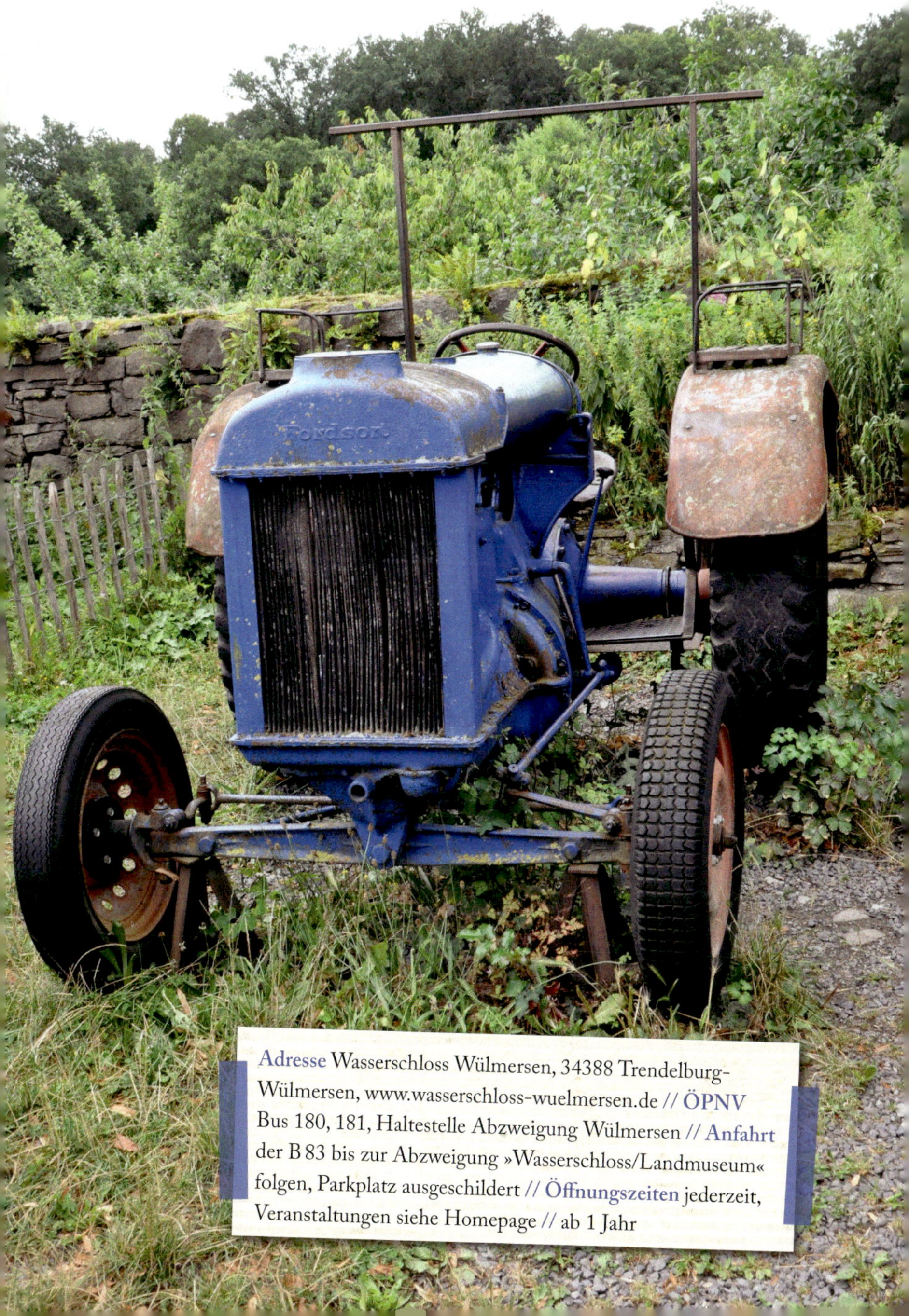

Adresse Wasserschloss Wülmersen, 34388 Trendelburg-Wülmersen, www.wasserschloss-wuelmersen.de // **ÖPNV** Bus 180, 181, Haltestelle Abzweigung Wülmersen // **Anfahrt** der B 83 bis zur Abzweigung »Wasserschloss/Landmuseum« folgen, Parkplatz ausgeschildert // **Öffnungszeiten** jederzeit, Veranstaltungen siehe Homepage // ab 1 Jahr

98_DIE STRAUSSENFARM

Ach, du dickes Ei!

Die dicksten Eier gibt es auf der Straußenfarm der Familie Schrage in Wülmersen bei Trendelburg. Sobald man den Hof betritt, wird man sehr herzlich empfangen und zu einer privaten Führung über das Gelände eingeladen. Die Stimmung ist toll, es herrscht beinahe afrikanisches Flair, und das mitten in Nordhessen!

Während des Rundgangs über den Hof darf man sogar in die große Scheune gehen, in der bereits die ersten Strauße zu sehen sind. Man sollte jedoch immer wachsam sein, denn die Strauße strecken ihre langen Hälse auch gern mal durch die Holzlatten und schnappen ganz frech zu. Außerdem lernt man Afrikanische Blauhalsstrauße kennen und sieht die Sandgruben, in denen die Strauße ihre riesigen Eier ablegen.

Im Hoflädchen der Straußenfarm Reinhardswald werden Produkte aus eigener Erzeugung wie Straußeneier, Eierlikör, Straußeneiernudeln, wunderschöne Straußeneilampen sowie verzierte Eier zu Dekorationszwecken angeboten, die man natürlich erwerben kann. Wer Glück hat, darf eines der dicken Eier sogar mal in die Hand nehmen und staunen, wie schwer es ist. 32 Hühnereier wiegen in etwa so viel wie ein einziges Ei vom Strauß – das gäbe eine ordentliche Pfanne voller Rührei! Die Straußenfarm ist einzigartig in der Region und lohnt auf jeden Fall einen Besuch. Außerdem hat man das Gefühl, dass sich die Familie über jeden einzelnen Gast auf dem Hof freut.

TIPP: Spaziert man von der Straußenfarm an der Diemel entlang in Richtung Deisel, stößt man nach ungefähr 2,5 Kilometern auf den alten Carlsbahntunnel. Durch den Tunnel zu laufen ist ein echtes Erlebnis.

Adresse Straußenfarm Reinhardswald, Wülmersen 6, 34388 Trendelburg-Wülmersen // **Anfahrt** der B 83 bis Abzweigung »Wasserschloss/Landmuseum« folgen, Parkplatz an der nächsten Kreuzung // **Öffnungszeiten** jederzeit // für jedes Alter

99_DAS RIESIGE BONBON

Bitte nicht auspacken und lutschen

Ein riesiges Bonbon auf einer Wiese und niemand hebt es auf? Na, das würde vermutlich auch keiner schaffen, außer vielleicht ein Kran. Das riesige Bonbon im Ahnepark in Vellmar entstand im Rahmen eines internationalen Bildhauersymposiums. Es ist ein magischer Anziehungspunkt für Kinder, die sofort zu ihm hinrennen und darauf herumklettern wollen. Auch weitere prächtige Skulpturen wie ein gigantisches Ohr oder eine originalgetreue Meerjungfrau mitten im See gehören zu den Sehenswürdigkeiten des Parks.

Der Ahnepark ist eine liebevoll angelegte und über 90.000 Quadratmeter große Parkanlage mit vier kleinen Teichen, mehreren Bachläufen und Brücken. Kleinere Kinder können sich auf dem Spielplatz mit dem großen Piratenschiff austoben und größere Kinder auf dem Basketball-, Hockey- oder Fußballplatz. Zudem bietet die große Grünfläche viel Platz zum Flitzen, Frisbee- oder Ballspielen. Schaut man genauer hin, entdeckt man Schildkröten im Wasser oder auf einem Stein in der Sonne, außerdem Enten und Gänse sowie viele prächtig blühende Pflanzen.

In den Sommermonaten fährt eine Miniatur-Dampfbahn auf der angelegten Gleisanlage durch den Park und lässt Kinderherzen höher schlagen. Gegen einen kleinen Betrag bekommt man einen Fahrschein und darf mitfahren. Im Winter kann man auf den Teichen des Parks Schlittschuh laufen oder Eishockey spielen.

Adresse Ahnepark Vellmar, Holländische Straße 28, 34246 Vellmar // ÖPNV RT4, Haltestelle am Bahnhof Obervellmar // Anfahrt B 7/B 83, Abfahrt Vellmar, auf die L 3234 in Richtung Obervellmar abbiegen, an der Kreuzung in die Holländische Straße und auf dem Parkplatz unterhalb des Edeka-Marktes parken // Öffnungszeiten jederzeit zugänglich // für jedes Alter

TIPP: Wenn es warm ist und eine Abkühlung benötigt wird: Das »Eiscafé da Carlo« am Rathausplatz hat köstliches hausgemachtes Eis sowie Torten und ist zu Fuß in etwa zehn Minuten zu erreichen.

100_DER SKATEPARK

Mit Vollgas über den Asphalt

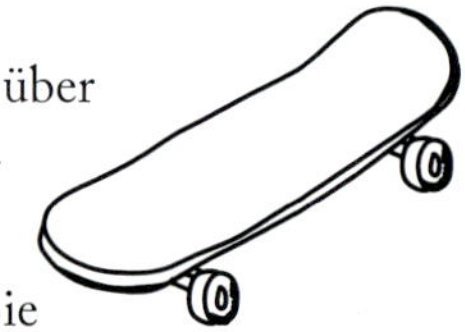

Schon von Weitem hört man die Rollen laut über den Asphalt sausen. Skateboardern, Inlineskatern und Scooterfahrern geht hier im Skatepark in der Mitte von Vellmar das Herz auf. Sie düsen, brettern und springen in einem hohen Tempo über die Rampen. Ein wahres Spektakel, bei dem sogar die Allerkleinsten stundenlang begeistert zuschauen möchten. Aber nicht nur erfahrene Skater dürfen im Skatepark fahren, er eignet sich für jeden, der sich einmal auf zwei oder vier Rollen ausprobieren mag. Dabei sollte jedoch immer an eine gute Ausrüstung gedacht werden: Helm, Ellenbogen- und Knieschoner sind ein Muss, sie schützen bei Stürzen, damit man danach gleich wieder aufstehen und voller Energie weiterfahren kann.

Die Nutzung des Skateparks erfolgt auf eigene Gefahr. Die verschiedenen Rampen sind leicht zu befahren, daher können sie auch problemlos von jüngeren Kindern benutzt werden. Wer Hilfe benötigt, findet schnell welche, denn auf dem Skatepark herrscht eine tolle Stimmung und fast schon eine familiäre Atmosphäre. So kommt es nicht selten vor, dass ein Profi schnell zur Seite steht und Anleitungen und Tipps zum Fahren gibt. Hier kann man eine Menge Spaß haben. Und das auch, wenn man nur zum Schauen vorbeikommt. Dafür ist die große Zuschauertribüne am Rand des Skateparks hervorragend geeignet.

Adresse Brüder-Grimm-Straße 14C, 34246 Vellmar // **ÖPNV** Tram 1, Bus 44, 48, Haltestelle Vellmar Stadtmitte // **Anfahrt** B 7/B 83, Abfahrt Vellmar-West, im Kreisverkehr die erste Ausfahrt auf die Brüder-Grimm-Straße nehmen, dem Straßenverlauf folgen, Skatepark linker Hand, Parkplätze vor Ort // **Öffnungszeiten** jederzeit // ab 6 Jahre

TIPP: Mittwochs und samstags findet auf dem Rathausplatz ein Wochenmarkt statt. Tolle Stände bieten leckere Köstlichkeiten an. Nichts wie rein ins bunte Marktgeschehen!

101_DAS SPIELZEUG-PARADIES

Hier schlagen Kinderherzen höher

Im Spielzeug-Paradies Benderoth in Vellmar gibt es alles, was kleine Kinderherzen höher schlagen lässt. Von Schleich-Figuren über Lego und Playmobil bis hin zu Gesellschaftsspielen, Barbies und vielem mehr.

Das Sortiment des seit über 70 Jahren bestehenden Geschäfts beinhaltet neben Spielwaren auch Gartenmöbel, Bastel- und Schulbedarf.

Beim Betreten bekommen selbst Erwachsene große Augen und müssen sich erst einmal auf den insgesamt drei Etagen voller Spielwaren zurechtfinden. Am besten, man fragt die sehr netten und hilfsbereiten Verkäuferinnen, denn sie wissen genau, wo etwas zu finden ist. Dies erspart nicht nur Zeit, sondern schont auch den Geldbeutel, denn mit Kindern ist ein Besuch bei Benderoth im wahrsten Sinne des Wortes gefährlich. Sie wollen einfach alles haben. Besonders cool: Mitten im Geschäft gibt es eine große Holzrutsche. Auf dieser dürfen die Kinder von der obersten Etage bis nach unten durchrutschen.

Ein echtes Highlight ist das Zusammenstellen eines Geschenketischs für den anstehenden Kindergeburtstag. Dabei dürfen sich die Kinder im gesamten Geschäft Spielwaren aussuchen und anschließend in ein extra dafür vorgesehenes und mit Namen beschriftetes Fach legen. Alle Kinder, die eingeladen sind, haben so die Möglichkeit, ein gewünschtes Geschenk aus dem Fach zu nehmen und dies direkt im Laden einpacken zu lassen. Ein Besuch im Spielzeug-Paradies ist immer wieder toll!

Adresse Spielwarengeschäft Joh. Benderoth e.K., Kasseler Straße 1–3, 34246 Vellmar // **Anfahrt** B 83, Abfahrt Vellmar-Niedervellmar, auf die Triftstraße abbiegen und dieser bis zum Ende folgen, an der Kreuzung auf die Kasseler Straße fahren // **Öffnungszeiten** Mo–Fr 9–18 Uhr, Sa 9–13 Uhr // ab 3 Jahre

TIPP: Im »vabia Jugendtreff« in der Ihringshäuser Straße 7 gibt es jede Woche Workshops und Aktionen für Kinder (www.dw-region-kassel.de).

102_DAS BURGSCHWIMMBAD

Den Berg hinunter ins Becken rutschen

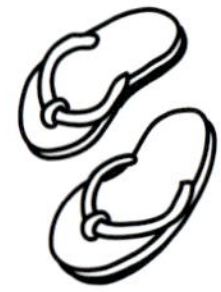

Die coolste Wasserrutsche Nordhessens befindet sich im Burgschwimmbad Volkmarsen. Auf der 60 Meter langen Rutschbahn sausen die Badegäste in Schlangenlinien den Berg hinunter ins Schwimmbecken. Das ist nichts für kleine Angsthasen, denn hier bekommt man ordentlich Tempo unter den Po, ehe man ins kühle Nass eintaucht. Natürlich wollen die Kinder gleich noch mal rutschen und flitzen die Stufen hinauf, um sich für die nächste Runde anzustellen.

Aber auch die anderen Wasserattraktionen wie das große Schwimmbecken, der Ein- und der Drei-Meter-Sprungturm, eine Wasserfontäne, die Sitzmassagebank mit Whirlpool sowie das Kinderbecken bieten großes Vergnügen für die ganze Familie. Wer möchte, kann sich an den Tischtennisplatten oder auf dem Beachvolleyballfeld sportlich betätigen. Schwimmen macht bekanntlich hungrig. Im Bistro gibt es Pommes, Eis und kleine Naschereien.

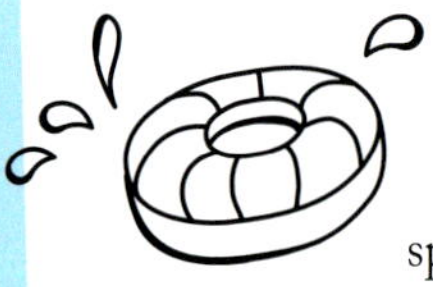

Das gepflegte Bad liegt unterhalb der Kugelsburg und ist umgeben von vielen Bäumen, die den Badegästen an warmen Sommertagen ausreichend Schatten spenden. Spätestens wenn man es sich auf dem Handtuch bequem gemacht hat und den Blick über die Anlage schweifen lässt, fällt einem der originelle Anstrich der Gebäude auf: eine Unterwasserwelt. Das Burgschwimmbad mit der in der Region einzigartigen Berg-Wasserrutsche ist ein wahrer Geheimtipp für alle, die einen entspannten Tag in einem kleineren Freibad verbringen möchten.

Adresse Kasseler Straße 35, 34471 Volkmarsen // **Anfahrt** A44, Abfahrt Breuna, in der Ortsmitte auf die L 3075/Kasseler Straße abbiegen, vor Volkmarsen rechts und der Beschilderung zum Schwimmbad-Parkplatz folgen // **Öffnungszeiten** Mai–Okt. täglich 10–20 Uhr; Eintritt: Tageskarte Erwachsene 3 Euro, Ermäßigte und Kinder 2 Euro // für jedes Alter

TIPP: Nach dem Schwimmbad-Besuch sollte man unbedingt hinauf zur Kugelsburg spazieren und den Sonnenuntergang bestaunen. Im Restaurant kann man auch lecker speisen.

103_DER ZWERG AUF KUFEN

Spielerisch Schlittschuhlaufen lernen

Spielerisch und mit ganz viel Spaß an der Sache können Kinder von 4 bis 14 Jahren im Waberner Wintersportcenter das Schlittschuhfahren erlernen. Die ehemalige Tennis- und Squashhalle, die über zehn Jahre leer stand, wurde im Jahr 2021 von zwei eishockeybegeisterten Freunden zu einer Eishalle umgebaut. Mittlerweile trainieren hier der Eishockey- und der Eiskunstlauf-Nachwuchs, oder man trifft sich zum öffentlichen Lauf. Zudem ist die Halle ein beliebter Treffpunkt für Eishockey-Hobbymannschaften geworden.

Mehrmals in der Woche stehen jedoch die Allerkleinsten im Vordergrund, denn dann findet eine Laufschule mit Spielen statt. Die Kinder lernen unter Anleitung von erfahrenen Trainern das Vorwärts- und Rückwärtsfahren sowie das Bremsen und außerdem, wie man die Balance auf den Kufen hält. Zudem werden Spiele auf dem Eis gespielt. Kinder, die zum ersten Mal auf den Kufen stehen, bekommen eine Laufhilfe in Form eines kleinen Zwergs. Die bunten Zwerge bieten Halt und können über das Eis geschoben werden, ganz nebenbei üben die Kinder auf diese Weise das eigenständige Fahren. Die bunten Zwerge und die Schlittschuhe können vor Ort gegen eine kleine Gebühr ausgeliehen werden. Ein Fahrradhelm und Handschuhe sollten allerdings von zu Hause mitgebracht werden.

Das Wintersportcenter bietet ganzjährig Spaß für die gesamte Familie, und wer möchte, kann hier sogar seinen Kindergeburtstag mit den Freunden auf dem Eis feiern.

Adresse Wintersportcenter Wabern, Reiherwaldweg 6, 34590 Wabern // **Anfahrt** B 253 oder B 254/Kasseler Straße, über Forststraße und Trieschweg in den Reiherwaldweg, Parkplätze vor der Halle // **Öffnungszeiten** Infos unter www.wintersportcenter-wabern.de; Anmeldung zur Laufschule per E-Mail unter wscw.Laufschule@gmail.com // ab 3 Jahre

TIPP: Im Anschluss kann man sich im »Bistro 254« mit einer deftigen Mahlzeit stärken. Die Speisekarte ist vielfältig und die Atmosphäre einfach toll. Kinder sind jederzeit willkommen!

104_DIE BUNTEN BÄUME

Verrückte Kunst im Wald

Auf dem Entdeckerpfad am Ortsrand von Uttershausen gibt es allerhand Kurioses zu sehen. Zum Beispiel bekleidete Bäume und einen Stuhl, der in einem Baum steckt. Oder steckt der Baum eher im Stuhl? So ganz klar ist das nämlich nicht. Auf dem etwa zweieinhalb Kilometer langen Entdeckerpfad können die Kinder von einem Kunstwerk zum nächsten laufen und staunen, ohne Rücksicht auf Autos nehmen zu müssen.

Auf dem Weg, der ständig um neue tolle Kunstwerke erweitert wird, entdeckt man Eichhörnchen, Feen, Schmetterlinge, Vögel, bunte Blumen und Kuscheltiere an den Bäumen. Man fühlt sich ein wenig an die Ostereiersuche erinnert, nur eben mit bunten Kunstwerken statt Eiern. Bunt sind auch die angezogenen Bäume, die am Rand einer Treppe stehen und mit ihren gehäkelten Kleidern ein echter Hingucker sind. An den Bäumen sind kleine Elfen befestigt, daher wird dieser abwärts führende Weg auch liebevoll Elfentreppe genannt. Auf einem Schild ist zu lesen: »Macht die Welt bunt!« Ein tolles Motto an einem ganz wunderbaren Ort, im Hintergrund das türkisfarbene Wasser des Kieswerks.

Vor dem Ausflug sollte man einen Tauschgegenstand in Form eines kleinen Spielzeugs einpacken. Auf dem Weg steht nämlich ein Tauscheimer, und wer möchte, kann sich ein kleines Spielzeug herausnehmen und dafür ein anders hineinlegen.

Adresse Am Weinberg, 34590 Wabern-Uttershausen // Anfahrt von der B 253 auf die L 3148/Jägerstraße, in den Waberner Ortsteil Uttershausen fahren und in die Straße »Am Weinberg« abbiegen, dort parken und bis zum Straßenende und weiter zu den Bäumen hinauf auf den Kunstweg laufen // Öffnungszeiten jederzeit // ab 4 Jahre; nicht kinderwagentauglich

TIPP: Fränzchen, Frodo und Utti heißen die drei kleinen Holzwichtel, die im Ortskern des Wichteldorfs Uttershausen anzutreffen sind.

105_DIE WICHTELHÖHLEN

Sei ganz leise, dann siehst du einen Wichtel

Bei einem Spaziergang am sagenumwobenen Dosenberg im Waberner Ortsteil Uttershausen hat man das Gefühl, von Fabelwesen umgeben zu sein. Die märchenhafte Gegend direkt an der Schwalm lädt zum Innehalten und Staunen ein, denn hier scheint die Natur noch völlig intakt zu sein.

Und tatsächlich sieht man recht bald die Höhleneingänge der Wichtelmännchen, von denen sogar schon die Brüder Grimm erzählten. Die Kinder sind ganz aufgeregt, wenn sie die Behausung der Wichtel entdecken, und kraxeln schnell den Hügel hinauf. Da die Wichtel jedoch nicht von den Menschen gesehen werden möchten, kann nur ein Blick in die Höhle gewagt werden. Mutige, eher kleine und zierliche Personen können jedoch noch einen Schritt nach vorne gehen und die Höhle ein Stück weit betreten.

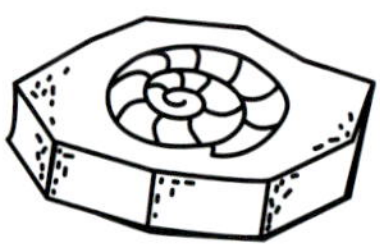

Die Gänge führen bis zu 30 Meter in den Muschelkalk hinein und sind leider nur von den Wichteln gänzlich begehbar. Verständlich, denn wir möchten ja schließlich auch nicht, dass fremde Personen einfach unser Haus betreten und sich neugierig umschauen, wie wir leben. Aber vielleicht besteht ja trotzdem die Möglichkeit, einen Wichtel zu sehen, denn manchmal braucht es dafür nur ein bisschen Geduld und Glück. Ein Besuch in dieser stillen Gegend ist absolut zu empfehlen und lässt sich mit einem herrlichen Spaziergang an der Schwalm kombinieren.

Adresse Am Dosenberg, 34590 Wabern-Uttershausen // Anfahrt von der B 253 auf die L 3148 und durch den Waberner Ortsteil Uttershausen fahren, in den dritten Feldweg auf der rechten Seite einbiegen, Parkmöglichkeiten vor Ort oder vor dem Tunnel am Feldrand // Öffnungszeiten jederzeit zugänglich // ab 4 Jahre; kinderwagentauglich

TIPP: Selbst gemachte Kleinigkeiten zum Verschenken gibt es im »Tante Sari Schrankladen« (Auf dem Kreuz 8, täglich 10–18 Uhr).

106_DAS VERSUNKENE DORF

Eine Reise in die Vergangenheit

»Ein Dorf mitten in einem See? Und wo leben die Menschen jetzt? Sind deren Kleidung und Spielzeug auch irgendwo in dem See?« Solche und ähnliche Fragen stellen Kinder, wenn man mit ihnen zu einem bestimmten Zeitpunkt im Jahr an den Edersee fährt. Denn einmal im Jahr scheint jemand den Stöpsel gezogen zu haben, und der Wasserpegel des Edersees sinkt rasant. Das liegt neben dem Wetter auch daran, dass das Wasser tatsächlich abgelassen und in die Weser umgeleitet wird, um dort die Schifffahrt zu sichern. Aus diesem Grund wurde schließlich auch die riesige Edertalstaumauer erbaut.

Was dann zum Vorschein kommt, ist atemberaubend. Mitten im See liegt das Edersee-Atlantis. Die Dörfer Asel, Berich und Bringhausen versanken im Jahr 1914, nachdem die Bewohner in höher gelegene Dörfer umgesiedelt worden waren. Bei einer Wanderung über den Seegrund kommt man aus dem Staunen nicht mehr heraus, denn es gibt unheimlich viel zu entdecken: einen alten Friedhof, die alte Aseler Brücke und viele Ruinen.

Besonders gut erhalten sind das Wohnhaus sowie das Wirtschaftsgebäude der Bauernfamilie Heinrich Knüppel, darunter die Küche und der Trog, aus dem die Kühe und Schweine gefressen haben. Kaum vorstellbar, dass genau an dieser Stelle, die mitten im See liegt, noch vor 120 Jahren ein ganz normales Leben stattgefunden hat. Mit der App »Edersee-Atlantis« kann das versunkene Dorf virtuell wiederbelebt werden.

TIPP: Ein aufregendes Abenteuer ist die Fahrt mit der Kabinenseilbahn hinauf auf den Schlossberg. Dort sollte man unbedingt Schloss Waldeck besichtigen.

Adresse Parkplatz Bärental, 34513 Waldeck // **Anfahrt** von der B 485 auf die Bahnhofstraße fahren, anschließend der L 3256/Ederseerandstraße bis zum Parkplatz Bärental folgen // **Öffnungszeiten** ganzjährig // ab 4 Jahre

107_DIE WALDBAR

Italienische Küche direkt im Wald

Kinder staunen nicht schlecht, wenn sie zum ersten Mal die Waldbar in Witzenhausen sehen. Idyllisch mitten im Wald liegt dieses beliebte Outdoor-Restaurant, in dem echte italienische Pizzas serviert werden. Alle Gerichte werden aus frischen Zutaten von Italienern zubereitet, und die müssen ja schließlich wissen, wie es geht! Neben den Pizzas, die übrigens nicht immer ganz rund sind, sind die Gnocchi aus Kartoffelteig mit geschmorten Tomaten und Salbei ein wahrer Gaumenschmaus.

Was die Waldbar aber erst so besonders macht, sind die Lage und die dort herrschende Atmosphäre. Hier fühlt sich jeder auf Anhieb wohl. Kinder dürfen Kinder sein, müssen nicht still am Tisch sitzen bleiben, sondern können sich mit ihrem Essen auch ans Lagerfeuer setzen. Zudem ist es nicht schlimm, wenn beim Essen mal gekleckert wird.

Schaut man nach oben, entdeckt man urige Baumhäuser in den Baumkronen. Denn neben der Waldbar befindet sich das einmalige Baumhaushotel Robins Nest. Wer auf der Suche nach einem Abenteuer ist, ist hier genau richtig. Die Übernachtungen in diesem Hotel der etwas anderen Art sind sehr beliebt und sollten unbedingt im Voraus gebucht werden. Der Aufenthalt ist ein unvergessliches Erlebnis. Denn wer kann schon von sich behaupten, in einem echten Baumhaus mitten im Wald übernachtet zu haben?

TIPP: Unterhalb des Parkplatzes befindet sich ein lustiges Fotomotiv: ein riesiger Zwinger aus Eisen, an dem ein Holzschild mit der Aufschrift »Kinderbetreuung« angebracht ist. Dreht man das Schild um, ist das Wort »Elternbetreuung« zu lesen.

Adresse Berlepsch 1, 37218 Witzenhausen, www.robins-nest.de // **Anfahrt** von der B 80 auf die L 3238 abbiegen und dem Straßenverlauf bis zum Parkplatz in Berlepsch folgen // **Öffnungszeiten** täglich 8.30–22 Uhr // für jedes Alter

108_DIE KOMETEN-SCHAUKEL

Zieh am Seil und flieg hoch!

Achtung: Action! Im Erlebnispark Ziegenhagen gibt es über 30 Attraktionen für die gesamte Familie. Der Adrenalinkick ist garantiert, wenn man sich in gewagter Höhe unter einem Fallschirm sitzend über einen See ziehen oder in einem Flugboot eine steile Rampe hinunterschießen lässt. Noch mehr gefällig? Wie wäre es mit einer Runde in der Kometen-Schaukel? So heißt nämlich die blaue Konstruktion, in die sich bis zu vier Personen quetschen, ähm, setzen. Über ein Seil kann dann die Schaukelhöhe bestimmt werden. Aber wie oft muss man eigentlich an dem Seil ziehen?

Wir wissen es nicht, ist auch egal, denn der blaue Kasten beginnt sich schon in Bewegung zu setzen, und plötzlich schaukelt es kräftig von links nach rechts. Wem das nicht ganz geheuer ist, der darf den roten Knopf drücken, dann wird der Schaukelspaß sanft beendet. Ansonsten dauert das Schaukelerlebnis so lange, wie man am Seil zieht. Das macht in jedem Fall eine Menge Spaß, sodass man am liebsten ewig sitzen bleiben möchte.

Darüber hinaus warten viele weitere Attraktionen darauf, ausprobiert zu werden. Für kleinere Kinder und jene, die lieber ruhigere Stationen mögen, gibt es ein riesiges Labyrinth zum Durchlaufen, eine Vogelhochzeit, ein Haus, in dem Schätze im Sand vergraben sind, einen kleinen Streichelzoo mit Ziegen und Hasen, Rutschen sowie kleinere Karussells. Ein toller Ort, um schöne Stunden mit der Familie zu verbringen.

Adresse Erlebnispark Ziegenhagen, Ziegenberg 3, 37217 Witzenhausen-Ziegenhagen, Tel. 05545/246, www.erlebnispark-ziegenhagen.de // Anfahrt von der B 80 auf die L 3302 fahren und dieser bis zur Straße »Ziegenberg« folgen, Parkmöglichkeiten vor Ort // Öffnungszeiten Ende März–Anfang Nov. Mi–So 10–18 Uhr (in den Ferien täglich) // ab 2 Jahre; kinderwagentauglich, Bollerwagen gegen eine kleine Gebühr ausleihbar

TIPP: Im April und Mai verwandelt sich Witzenhausen in ein rosa-weißes Blütenmeer. Dann ist Kirschblütenzeit und die über 150.000 Kirschbäume auf den Plantagen der Region verzaubern die Landschaft.

109_DIE DRACHENHÖHLE

Ein gruseliges Abenteuer für mutige Entdecker

Über einen schmalen Waldpfad erreicht man eine geheimnisvolle Höhle, die sich am Graner Berg ganz in der Nähe von Wolfhagen befindet. »Ob dort wirklich mal ein Drache gelebt hat?« Das ist wohl die am häufigsten gestellte Frage auf dem Weg zur Höhle. Das in Stein gemeißelte Drachenbild sowie die Schrift am Eingang der Höhle lassen dies vermuten.

Fakt ist allerdings, dass die beiden Türme auf dem Graner Berg zwischen 1905 und 1909 entstanden und der damalige Landrat den 25 Meter langen Felsengang erbauen ließ. Dieser Gang soll früher bis zu den beiden Türmen geführt haben. Heute blockieren Steine den Durchgang.

Beim Betreten der dunklen, geheimnisvollen Höhle ist es ratsam, eine Taschenlampe parat zu haben. Beim Gang durch die Höhle können damit die Wände, die mit mysteriösen Figuren verziert sind, die Decken sowie der Boden angestrahlt und genauestens begutachtet werden. Zwischendurch wird immer wieder nach dem Drachen Ausschau gehalten. Leider ist der Drache menschenscheu und versteckt sich, sobald er Menschen in dem nahe gelegenen Wald hört – zumindest wird es so erzählt. So hat es bisher leider noch niemand geschafft, ihn zu sehen. Der Besuch in der Drachenhöhle ist ein spannendes, aber auch ein bisschen gruseliges Abenteuer für Kinder, von dem sie sicher noch lange erzählen werden.

Adresse Zum Flugplatz 1, 34466 Wolfhagen // Anfahrt von der B 450 in Wolfhagen auf die Ippinghäuser Straße, anschließend in den Feldweg zum Flughafen einbiegen, von dort zu Fuß an den Graner Türmen vorbei und auf einem schmalen Waldpfad hinab zur Drachenhöhle // Öffnungszeiten jederzeit zugänglich // ab 5 Jahre

TIPP: In der Pizzeria »La Lanterna« in der Schützeberger Straße 66 kann man zuschauen, wie die bestellte Pizza im Holzofen gebacken wird.

110_DER ZICKZACK-WEG

Die älteste Burgruine Nordhessens

Ritterburgen kennen die meisten Kinder nur aus Büchern. Ein großes Falltor am Eingang, das die Burg vor Feinden schützt, Kanonen, Ritter und Pferde. Was für ein Glück, dass eine beeindruckende und gut erhaltende Burgruine aus vergangener Zeit direkt vor der Haustür liegt. Über den ausgeschilderten Rundweg 2 gelangt man vom Wanderparkplatz zur größten Burgruine Nordhessens, der Weidelsburg. Die Burg wurde im 12. Jahrhundert erbaut, seit Ende des 16. Jahrhunderts ist sie unbewohnt und verfällt.

Schon nach dem ersten Kilometer wird man vom sogenannten Katzenloch, einem stillgelegten Steinbruch, überrascht. Kinder laufen sofort dorthin, während die Erwachsenen den Anblick genießen.

Weiter geht es auf dem Zickzack-Weg zur Burg hinauf, die sich bereits durch die Äste der Bäume auf dem steilen Basaltkegel zeigt. Steil ist auch der Aufstieg. Oben angekommen, wartet eine phantastische Aussicht über das Wolfhager Land. Für Kinder ist der Ausblick weniger spannend, dafür die Burgruine mit ihren unzähligen Gängen, Treppen, Schießscharten sowie dem Burghof mit dem Falltor.

Beim Abstieg zum Parkplatz sollten unbedingt die Augen offen gehalten werden, denn auf dem Weg kann man in Bäume und Wurzeln geritzte Figuren ausfindig machen. So ist der Abstieg ein Klacks. Am Ende sind sich alle einig: Das war cool!

Adresse Wanderparkplatz Weidelsburg, Reinhard-Von-Dalwigk-Weg, 34466 Wolfhagen // **Anfahrt** B 251/Korbacher Straße bis zum Wolfhager Ortsteil Ippinghausen, dort erst auf die Weidelsburgstraße und dann auf den Reinhard-Von-Dalwigk-Weg abbiegen, Wanderparkplatz am Straßenende // **Öffnungszeiten** jederzeit // ab 5 Jahre

TIPP: Auf dem Marktplatz steht ein Springbrunnen, der das Märchen »Der Wolf und die sieben Geißlein« darstellt. Anschauen lohnt sich!

111_DER DÖRNBERG

Wo einst ein Vulkan tobte

Wo einst ein mächtiger Vulkan Lava spuckte, findet sich heute ein wahres Paradies für die ganze Familie: der Dörnberg. Die weiten grünen Wiesen laden zum Toben, Flitzen und Spielen ein. Hier können die Kinder frei laufen, denn es fahren keine Autos, Busse oder Bahnen. Kleine Bergsteiger erklimmen die Bergkuppen der Helfensteine, des Hohen oder Kleinen Dörnbergs und werden, sobald sie oben angekommen sind, mit einem gigantischen Ausblick über Nordhessen belohnt.

Im Sommer lohnt es sich, einen Picknickkorb einzupacken und von einer der Bergkuppen den Sonnenuntergang zu genießen – ein unbeschreiblich schönes Erlebnis. Im Gepäck sollte man außerdem einen Drachen haben, denn auf dem Dörnberg kann man Drachen steigen lassen.

Der Alpenpfad lädt sogar die kleinsten Familienmitglieder zu einer abenteuerlichen Wandertour über den Dörnberg ein. Es gibt viel zu sehen, beispielsweise die weidenden Bergziegen oder das Steinlabyrinth, und manchmal steht man plötzlich zwischen Kühen auf der Weide. Aber keine Angst, lässt man die Kühe in Ruhe und geht einfach weiter, tun sie einem nichts.

Bei schönem Wetter starten auf dem Dörnberg Segel- und Modellflieger ihre Flugzeuge. Kinder würden ihnen am liebsten stundenlang begeistert zuschauen. Im Winter zählt der Dörnberg neben dem Herkules und dem Hohen Gras zu einem der beliebtesten Rodelgebiete rund um Kassel.

Adresse 34289 Zierenberg // **Anfahrt** von der B 251 über die L 3211/Kasseler Straße nach Zierenberg, dort auf die Dörnbergstraße abbiegen und dieser bis zum ausgeschilderten Wanderparkplatz Dörnberg folgen, kostenlose Parkplätze vorhanden // **Öffnungszeiten** ganzjährig zugänglich // für jedes Alter

TIPP: Nach der Wanderung kann man sich im nahe gelegenen Café Helfenstein mit einer regionalen Speise oder einem Getränk stärken. Die Kuchen sind alle selbst gebacken, zum größten Teil vegan und einfach köstlich.

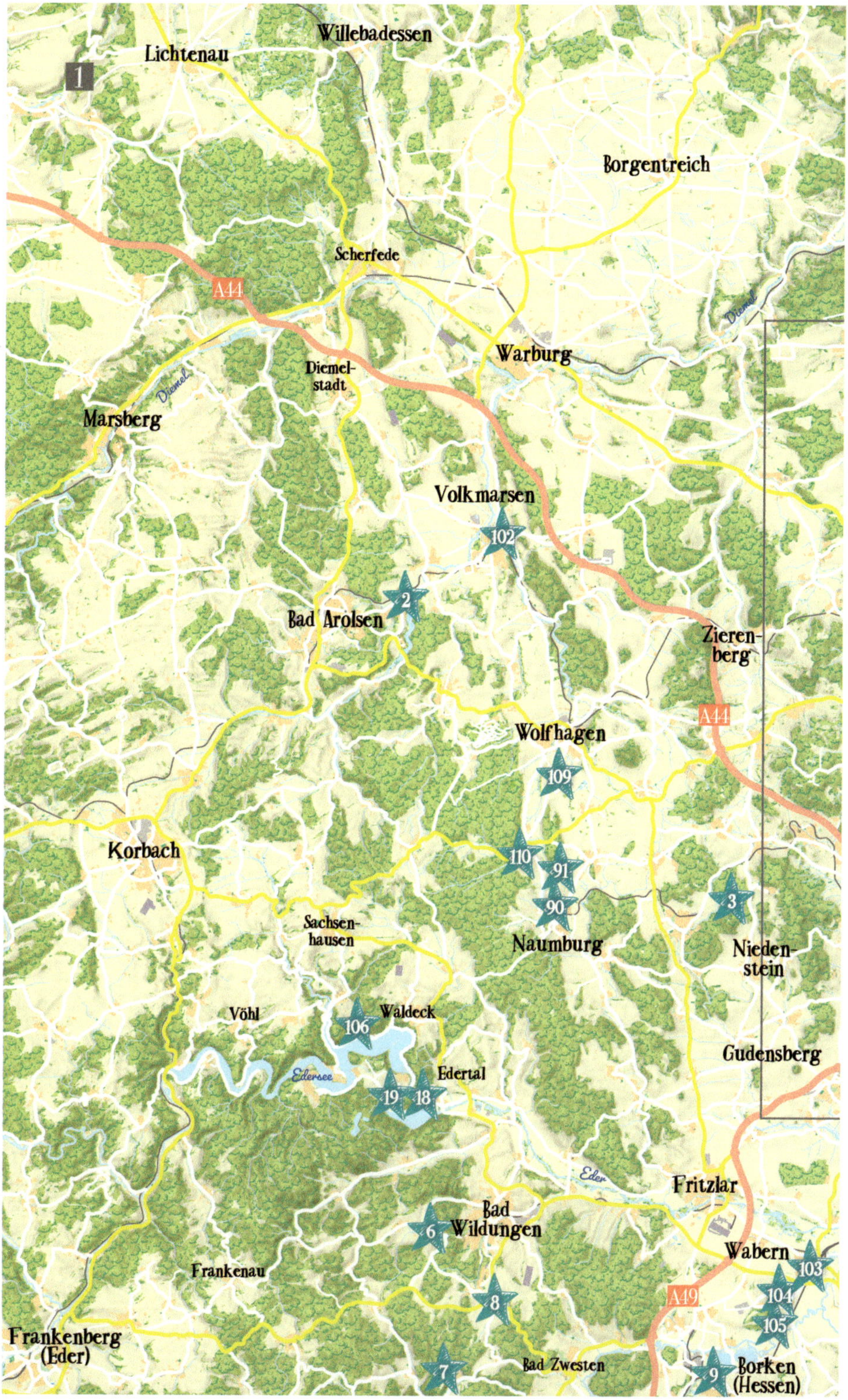

1
Lichtenau
Willebadessen
Borgentreich
Scherfede
A44
Diemel
Warburg
Diemel-
stadt
Diemel
Marsberg
Volkmarsen
102
2
Bad Arolsen
Zieren-
berg
A44
Wolfhagen
109
Korbach
110
91
90
3
Sachsen-
hausen
Naumburg
Nieden-
stein
Vöhl
106
Waldeck
Edersee
Edertal
19
18
Gudensberg
Eder
Fritzlar
Bad
Wildungen
6
Wabern
103
Frankenau
8
A49
104
105
Frankenberg
(Eder)
7
Bad Zwesten
9
Borken
(Hessen)

Bodenfelde
Bad Karlshafen
4
5
97
98
24
Gieselwerder
95
96
Trendelburg
Sababurg
33
32
34
Beberbeck
35
2
Bovenden
Adelebsen
Fulda
GÖTTINGEN
Rosdorf
Dransfeld
5
Hofgeismar
Reinhards-
hagen
A7
Scheden
Jühnde
Grebenstein
Immenhausen
Hann. Münden
A38
Hedemünden
107
Fulda
108
Vellmar
A7
Witzenhausen
3
4
92
KASSEL
Kaufungen
Lohfelden
Baunatal
A44
Helsa
Groß-
almerode
Söhrewald
A49
Hessisch
Lichtenau
Eder
A44
A7
Fulda
Waldkappel
Felsberg
20
Melsungen
Spangenberg
Malsfeld
89
Morschen
N
0
4 km
Sontra

3
Jungfernkopf
49
Harleshausen
Wolfhager Straße
Rasenallee
Harleshäuser Straße
50
51
Schanzenstraße
Kirchditmold
Schloss Wilhelmshöhe
43
79
Bergpark Wilhelmshöhe
Wilhelmshöher Allee
78
45
Wilhelmshöher Allee
41
Bahnhof Kassel-Wilhelmshöhe
Bad Wilhelmshöhe
Kohlenstraße
40
44
47
Druseltalstraße
Eugen-Richter-Straße
Konrad-Adenauer-Straße
Heinrich-Schütz-Allee
Süsterfeld-Helleböhn
60
62
Leuschnerstraße
64
Brasselsberg

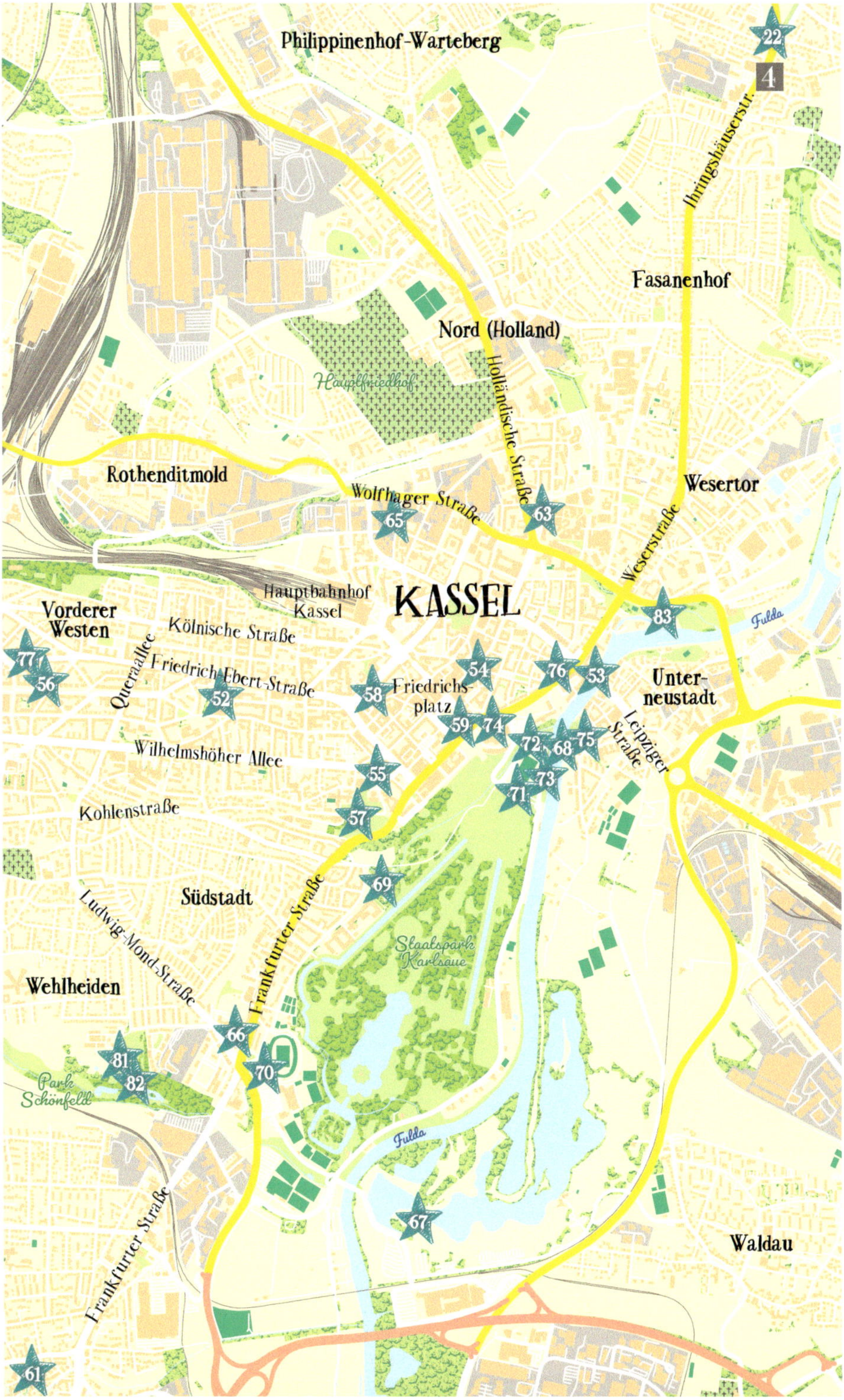

Philippinenhof-Warteberg
22
4
Ihringshäuserstr.
Fasanenhof
Nord (Holland)
Holländische Straße
Hauptfriedhof
Rothenditmold
Wolfhager Straße
65
63
Wesertor
Weserstraße
KASSEL
Hauptbahnhof
Kassel
83
Fulda
Vorderer
Westen
Kölnische Straße
Friedrich-Ebert-Straße
Querallee
77
56
52
58
Friedrichs-
platz
54
76
53
Unter-
neustadt
59
74
72
68
75
Leipziger
Straße
Wilhelmshöher Allee
55
73
71
Kohlenstraße
57
69
Südstadt
Ludwig-Mond-Straße
Frankfurter Straße
Staatspark
Karlsaue
Wehlheiden
66
81
70
82
Park
Schönfeld
Fulda
67
Waldau
Frankfurter Straße
61

Helmeln
5
Hofgeismar
31
30
29
Carlsdorf
Hombressen
Reinhards-
hagen
Vaake
Kelze
Udenhausen
Mariendorf
25
Grebenstein
Westuffeln
Schachten
37
38
Gimte
Burguffeln
36
Immen-
hausen
Holzhausen
39
28
12
Hann. Münden
Meimbressen
Calden
Wilhelmshausen
11
Bonaforth
Fulda
14
13
10
15
Ehrsten
Hohenkirchen
Knickhagen
Mönchehof
Fürstenwald
Speele
Kammerberg
Lutterberg
Simmershausen
Weimar
Heckershausen
99
100
101
21
111
1
Vellmar
23
Ihrings-
hausen
Landwehrhagen
Benterode
Dörnberg
A7
Fulda
Uschlag
Sanders-
hausen
Dahlheim
94
93
46
KASSEL
92
42
48
Heiligenrode
85
84
86
87
A44
80
3
4
Ochshausen
Kaufungen
Lohfelden
Elgershausen
88
Vollmarshausen
A44
Rengers-
hausen
Baunatal
Dennhausen
Wellerode
Guntershausen
Ermetheis
Söhrewald
16
Dörnhagen
17
Besse
St. Ottilien
Wattenbach
A49
Grifte
Wollrode
Metze
Haldorf
Guxhagen
Quentel
Dissen
Eiterhagen
Empfershausen
26
Eder
Deute
Körle
A7
Gudensberg
27
Fulda

Meike Spanner, Stephan Hollich
111 Orte für Kinder in Ostfriesland, die man gesehen haben muss
ISBN 978-3-7408-1095-5

Sina Beerwald
111 Orte für Kinder auf Sylt, die man gesehen haben muss
ISBN 978-3-7408-0840-2

Katja Josteit
111 Orte für Kinder in Kiel, die man gesehen haben muss
ISBN 978-3-7408-0641-5

Alexandra Schlennstedt, Jost Schlennstedt
111 Orte für Kinder in und um Lübeck, die man gesehen haben muss
ISBN 978-3-7408-0845-7

Daniela Clément
111 Orte für Kinder in Hamburg, die man gesehen haben muss
ISBN 978-3-7408-1519-6

Isa Grütering, Natascha Korol, Theresia Koch
111 Orte für Kinder in Berlin, die man gesehen haben muss
ISBN 978-3-7408-1546-2

Janine Eck, Kristina Offermann
111 Orte für Kinder in Potsdam und Brandenburg, die man gesehen haben muss
ISBN 978-3-7408-0977-5

Cornelia Kuhnert, Günter Krüger
111 Orte für Kinder in und um Hannover, die man gesehen haben muss
ISBN 978-3-7408-1293-5

Anna Sophie Pietsch
111 Orte für Kinder im Ruhrgebiet, die man gesehen haben muss
ISBN 978-3-7408-1603-2

Martin Berke, Nina Fandler
111 Orte für Kinder in und um Düsseldorf, die man gesehen haben muss
ISBN 978-3-7408-0972-0

Christina Bacher,
Norbert Breidenstein
111 Orte für Kinder in Köln, die man gesehen haben muss
ISBN 978-3-7408-1776-3

Diana-Isabel Scheffen,
Andrea Tuschka,
Sarah Larissa Heuser
111 Orte für Kinder in und um Bonn, die man gesehen haben muss
ISBN 978-3-7408-1300-0

Julia Tzschätzsch
111 Orte für Kinder in Frankfurt, die man gesehen haben muss
ISBN 978-3-7408-0686-6

Charlotte Mohs
111 Orte für Kinder in Mainz, die man gesehen haben muss
ISBN 978-3-7408-0665-1

Julia Schönborn
111 Orte für Kinder in Heidelberg, die man gesehen haben muss
ISBN 978-3-7408-0989-8

Marion Demme-Zech
111 Orte für Kinder im Saarland, die man gesehen haben muss
ISBN 978-3-7408-1205-8

Muriel Brunswig
111 Orte für Kinder im Schwarzwald, die man gesehen haben muss
ISBN 978-3-7408-1268-3

Franziska Lô
111 Orte für Kinder in und um Stuttgart, die man gesehen haben muss
ISBN 978-3-7408-1542-4

Nadine Luck
**111 Orte für Kinder
in und um Bamberg, die man
gesehen haben muss**
SBN 978-3-7408-1075-7

Anke Landleiter
**111 Orte für Kinder
in Nürnberg, die man
gesehen haben muss**
ISBN 978-3-7408-0852-5

Florian Kinast
**111 Orte für Kinder
in München, die man
gesehen haben muss**
ISBN 978-3-7408-1737-4

Veronika Wengert
**111 Orte für Kinder
in und um Augsburg, die man
gesehen haben muss**
ISBN 978-3-7408-1079-5

Priska Lachmann
**111 Orte für Kinder
in Leipzig, die man
gesehen haben muss**
ISBN 978-3-7408-1392-5

Jenny Menzel
**111 Orte für Kinder
in Dresden, die man
gesehen haben muss**
ISBN 978-3-7408-0837-2

Bernadette Németh
**111 Orte für Kinder
in Wien, die man
gesehen haben muss**
ISBN 978-3-7408-1390-1

Anja Fischer
**111 Orte für Kinder
in Salzburg, die man
gesehen haben muss**
ISBN 978-3-7408-1080-1

Judith Mazzilli
**111 Orte für Kinder
in und um Linz, die man
gesehen haben muss**
ISBN 978-3-7408-1176-1

Carina Hirdes ist in Nordhessen geboren, aufgewachsen und kann sich nicht vorstellen, die wunderschöne Heimat jemals zu verlassen. Mit ihrem Mann und den beiden Söhnen lebt sie nördlich von Kassel. Auf ihrem weitbekannten Familienblog www.nordhessenmami.de schreibt sie seit 2014 über das Familienleben, Ausflüge und Unternehmungen in der Region.